자녀성공학

최고의 투자는 자녀다

자녀성공학

초판 1쇄 인쇄 | 2026년 1월 7일
초판 1쇄 발행 | 2026년 1월 14일

지은이 | 오두환
펴낸곳 | 미래세대
펴낸이 | 노남식
주소 | (06734) 서울특별시 서초구 강남대로37길 56-31
팩스 | 0504-194-7597
이메일 | fng1945@naver.com
출판등록 | 2025년 9월 17일 제2025-000167호

ⓒ 오두환, 2026

값 19,800원
ISBN 979-11-996007-0-6 03320

자녀성공학

오두환 지음

우리는 왜 성공을 가르치지 않는가

미래세대

오두환 대표의 글에는 늘 한 가지 공통점이 있습니다. 듣기 좋은 말을 하지 않는다는 점입니다. 대신 끝까지 책임져야 하는 질문을 던집니다. 《자녀성공학》역시 마찬가지입니다. 이 책은 부모의 불안을 자극하지도, 정답을 대신 알려주지도 않습니다. 다만 아이가 어떤 과정을 거쳐 자기 삶의 주인이 되는지를 분명하게 보여줍니다. 이 책을 읽다 보면 '아이를 위해 무엇을 더 해줘야 할까'를 고민하던 생각이, '혹시 아이가 스스로 해볼 기회를 빼앗지 않았나'로 바뀔 것입니다. 그 지점에서 이 책은 교육서라기보다 부모에게 주는 일종의 점검표처럼 느껴집니다. 자녀 교육을 조급함이 아닌 현실적인 시선으로 다시 생각해보고 싶은 분이라면 이 책이 좋은 기준이 되어줄 것입니다.

고명환 메밀꽃이 피었습니다 프랜차이즈 대표, 개그맨, 작가, 동기부여 강사

진료를 하다 보면, 아이뿐 아니라 부모님의 불안과 고민까지 함께 마주하게 됩니다. 그럴 때마다 저는 '아이의 성장에 정답은 없어도, 올바른 방향은 필요하다'는 사실을 느낍니다. 《자녀성공학》은 바로 그 방향을 잡아주는 책입니다. 오두환 대표는 현장에서 얻은 경험을 바탕으로 아이가 스스로 꿈을 찾고, 몰입하며 자랄 수 있는 환경을 어떻게 만들어야 하는지 이야기합니다. 저 역시 이 책을 읽으며 부모의 시선이 바뀌면 아이의 길도 달라진다는 점을 깊이 공감했습니다. 자녀의 잠재력을 어떻게 깨워야 할지 고민하는 부모님께 꼭 권하고 싶은 책입니다.

고범진 잘해주는치과 그룹 공동 대표, 대표 원장

AI가 답을 내는 시대, 우리 아이에게 필요한 것은 '나만의 관점'을 만드는 능력입니다. 우리는 지금 과거의 방식이 더 이상 미래를 보장하지 않는 시대에 살고 있습니다. 그런데도 여전히 아이들을 과거의 교실에 가두고 있지는 않나요? 심리학자로서 저는 늘 '남과 다른 나만의 깃'을 찾는 깃이 미래 경쟁력의 핵심이라고 강조해왔습니다. 오두환 대표는 남과 다른 나만의 것을 찾아 수많은 분야에서 경쟁력을 만들어온 사람입니다. 이번 책은 바로 그 지점을 정확히 꿰뚫고 있습니다.

이 책은 학교 성적이라는 좁은 틀을 벗어나, 아이가 세상과 부딪히며 '진짜 문제 해결 능력'을 키우는 방법을 보여줍니다. 저자의 경험과 통찰이 담긴 이 책을 통해 부모님들은 불안감 대신 확신을 얻게 될 것입니다. 아이를 '대체 불가능한 인재'로 키우고 싶다면 당장 이 책을 펼쳐 아이의 잠재력에 투자하십시오. 이것이야말로 140세 시대를 살아갈 자녀를 위한 최고의 투자입니다.

김경일 방송인, 인지심리학자, 아주대학교 교수

오두환 대표는 교육을 단순한 이론이 아닌 실제 현장에서 검증된 언어로 풀어내는 교육자입니다. 아이의 심리와 뇌 과학, 배움의 원리를 실제 삶과 자연스

럽게 연결해 풀어내는 그의 방식은 많은 부모에게 깊은 신뢰를 줍니다. 《자녀성공학》은 이러한 그의 통찰이 가장 잘 응축된 책입니다. 부모가 아이를 바라보는 기준과 방향을 근본부터 다시 생각하게 만듭니다. 책장을 덮는 순간, '아이의 미래를 준비한다'는 말의 무게가 전혀 다르게 다가올 것입니다.

김경호 국민일보 대표이사 사장

아이를 바르게 키우는 일은 가르치는 기술보다, 아이가 스스로 자라날 수 있는 환경을 만들어주려는 마음에서 시작된다고 늘 생각해왔습니다. 이 책은 그 마음을 가장 깊이, 가장 진실하게 담아낸 책이라 느꼈습니다. 저자의 경험과 철학이 아이들의 잠재력을 깨우는 데 큰 길잡이가 될 것이라 믿습니다. 아이를 위해 무엇을 해야 할지 고민하는 모든 부모님과 교육자께 이 책을 꼭 권하고 싶습니다.

김병만 개그맨, 〈떴다! 김반장〉 35만 유튜버

오두환 대표를 가까이서 지켜보며 느낀 점은 한 가지입니다. 그는 사람의 가능성을 보는 시선이 남다르다는 것입니다. 이 책에서도 그 강점이 분명하게 드러납니다. 아이를 관리의 대상이 아니라, 잠재력을 지닌 하나의 존재로 바라보며 어떻게 그 가능성이 깨어나는지 보여줍니다.
이러한 시선을 실제로 구현해내는 그의 창의력은 제가 만난 사람 중에서 단연 최고입니다. 창의와 몰입, 그리고 성장을 연결하는 그의 사고방식은 자녀 교육을 넘어 미래 인재를 키우는 본질을 짚고 있습니다. 아이의 가능성을 진지하게 믿는 부모라면 반드시 정독해야 할 책입니다.

박원수 한국노벨과학포럼 사무총장

오랫동안 인재 교육과 국가 경쟁력을 고민해온 사람으로서 시험과 대학 진학이 교육의 중심이 되는 구조에는 분명한 한계가 있다고 생각합니다. 오두환

대표의 이 책은 이러한 문제를 지적하는 데서 멈추지 않고, 아이의 흥미와 재능에서 출발해 몰입과 성장으로 이어지는 교육의 방향을 구체적으로 제시합니다. 교육은 더 많은 정답을 외우게 하는 일이 아니라, 아이가 자기 삶의 방향을 스스로 찾도록 돕는 과정이어야 합니다. 이 책은 그 본질을 다시 생각하게 만드는 책입니다.

백성기 포스텍 총장(前) 겸 명예교수, 대학구조개혁위원회 위원장

오두환 대표를 인터뷰하면서 느낀 점은 단어 하나하나에 힘이 실려 있고 생명력이 있다는 것입니다. 이 책은 참 특별합니다. 자녀 경제 교육 관련 도서의 전형적인 공식(디즈니 주식, 용돈 이야기)을 따르지 않고, 오두환 대표 본인이 직접 경험한 실전 솔루션을 담았습니다. 과거의 성공담이 아니라, 지금 이 시대를 힘차게 살아가고 싶은 사람들이라면 누구나 따라 할 수 있는 구체적인 방법들이 담겨 있습니다. AI 시대를 지혜롭게 준비하고 싶은 부모님께 이 책을 추천합니다.

브루스 PD, 교육 채널 〈가든패밀리〉 26만 유튜버

무대 위에서 가장 빛나는 가수는 누구를 흉내 내는 사람이 아니라, 자기 목소리를 내는 사람입니다. 교육도 마찬가지입니다. 남진, 설운도 외에도 수십 년간 수많은 사람을 겪어보니, 결국 끝까지 살아남고 행복해하는 사람은 남들이 정해준 길을 가는 사람이 아니라 자기가 좋아하는 일에 미쳐 있는 사람이더군요.

이 책은 부모의 욕심으로 아이를 억지로 끌고 가는 것이 아니라, 아이가 스스로 신이 나서 춤추게 만드는 교육법을 담고 있습니다. 오두환 대표는 단지 교육을 말하는 사람이 아니라 실제로 아이가 스스로 신나서 성장하는 환경을 설계하고 운영하는 사람입니다. 오두환 작가가 제시하는 길을 따라가다 보면, 아이는 억지로 하는 공부가 아니라 꿈을 이루기 위한 진짜 공부에 몰입하게 될

것입니다. 내 아이가 억지로 사는 인생이 아니라, 가슴 뛰는 인생을 살기를 바란다면 이 책이 최고의 선물이 될 것입니다.

신현빈 루체엔터테인먼트 대표

《자녀성공학》은 자녀 교육을 삶 전체의 설계라는 관점에서 다시 생각하게 만드는 책입니다. 공공의 영역에서 오랫동안 사람의 삶과 회복, 자립을 고민해온 입장에서 이 책은 특히 무게 있게 다가왔습니다.

오두환 대표는 아이의 가능성을 추상적으로 말하지 않습니다. 교육과 조직, 현장을 두루 경험해온 사람답게 아이의 성장이 어디에서 시작되고 어떤 과정을 거쳐 자립으로 이어지는지를 구체적으로 짚어줍니다. 부모가 대신 앞서가는 방식이 아니라, 아이가 스스로 속도를 만들고 선택하며 성장하도록 설계된 방향이 인상 깊었습니다.

자녀의 미래를 걱정하는 부모라면 더 많은 정보를 찾기에 앞서, 이 책을 통해 교육을 바라보는 자신의 기준부터 점검해볼 필요가 있습니다. 이 책은 그 출발점으로 충분한 책입니다.

신현석 한국보훈복지의료공단 사업이사

교육을 다룬 책은 많지만, 아이의 성장과 삶 전반을 이렇게 입체적으로 바라보는 책은 흔치 않습니다. 오두환 대표는 교육 현장뿐 아니라 기업, 정부 기관, 사회 공헌까지 다양한 영역을 경험해온 사람입니다. 그렇기에 아이의 성장을 단일한 시각이 아닌, 현실 전반을 아우르는 넓은 시선으로 바라볼 수 있는 드문 전문가입니다.

부모가 이 책을 읽으면 아이가 달라지고, 교사가 읽으면 교실이 달라지며, 교육을 고민하는 사회 전체가 새로운 방향을 고민하게 될 것입니다.

안창호 헌법재판소 헌법재판관(前), 국가인권위원회 위원장

오두환 대표는 교육을 기술로 다루지 않습니다. 아이가 자신의 삶을 스스로 이끌어갈 수 있는 사람으로 자라기까지, 어른이 어떤 선택을 해야 하는지를 구체적인 흐름에 따라 풀어냅니다.

평생교육 현장에서 수많은 성인을 만나며 느낀 점은 분명합니다. 어릴 때 '스스로 선택해본 경험'이 있는 사람은 삶의 전환점에서도 쉽게 흔들리지 않는다는 사실입니다. 이 책은 바로 그 출발점을 아이의 어린 시절로 되돌려 놓습니다. 부모가 서두르기보다 아이의 성장 과정에 동반자가 되려고 할 때, 이 책은 현실적인 기준과 방향을 제시해줍니다. 자녀 교육을 장기적인 삶의 관점에서 고민하는 부모에게 의미 있는 길잡이가 될 것입니다.

윤영현 명지전문대학 평생교육원 원장

저는 매년 60~70만 명이 찾아오는 한국잡월드에서 늘 느낍니다. 아이들의 진짜 진로 교육은 책상이 아니라 '경험'에서 시작된다는 것을. 《자녀성공학》은 그 본질을 정확히 짚어낸 책입니다.

오두환 대표는 놀랄 만큼 다양한 분야에서 정해진 답이 아닌 실무 경험을 통해 실행하고 성공을 만드는 사람입니다. 특히 그가 제시하는 '7단계 교육법'과 학생 진로에 대한 견해는 정확히 한국잡월드 창립 의도와 일치합니다. 아이가 경험을 통해 자신의 재능을 발견하고, 몰입하며, 그 배움이 실제 성장과 성과로 이어지는 과정을 추구하기 때문입니다.

아이의 가능성은 경험할 때 깨어납니다. 그 기회를 열어주는 선택, 그것이 바로 부모의 투자입니다. 이 책은 아이의 진로를 진지하게 준비하는 부모에게 가장 먼저 권해야 할 책입니다.

이병균 한국잡월드 이사장

오두환 대표는 교육을 '지식 전달'이 아니라 '재능을 깨우는 일'로 바라봅니다. 이 책에는 그 시선이 가장 깊고 선명하게 담겨 있습니다. 이 책을 읽고 나면 부모는 묻게 될 것입니다. '나는 아이를 관리해 왔는가, 아니면 아이의 미래를 열어주고 있었는가.' 아이의 재능과 삶을 진심으로 걱정하는 부모라면 이 책이 건네는 메시지에 집중해야 합니다. 부모의 생각이 달라지는 순간, 아이의 세계도 달라질 것이기 때문입니다.

이지성 《꿈꾸는 다락방》,《미래의 부》등 550만 부 베스트셀러 저자, 30만 유튜버

개인의 최고의 투자는 '자녀'에게, 국가의 최고의 투자는 '과학기술'에 있다는 저의 평소 소신과 완벽하게 일치하는, 미래를 향한 현명한 지침서입니다. 저자는 그 해답을 아이들이 '몰입(Flow)'을 경험할 때 스스로 길을 찾고 성공한다는 확고한 교육 철학에서 찾아내셨습니다.

자녀의 성공적인 미래를 위한 실천적인 해답을 담고 있는 저자의 깊은 통찰력에 공감하며, 미래를 고민하는 모든 세대에게 희망의 불씨가 될 것을 확신합니다.

정윤하 포스텍 부총장(前), 한국노벨과학포럼 회장, 국립공주대학교 석좌교수

오두환 이사장님이 설립한 우리 국제혁신영재사관학교는 자신이 선택한 분야에서 최고의 실력과 따뜻한 인품을 함께 갖춘 예수 그리스도의 최정예 군사를 양성하는 곳입니다. 그리하여 우리 아이들을 정치, 경제, 언론, 행정, 교육, 예술, 스포츠, 과학, 문화 등 모든 분야에서 1,000만 명을 살릴 인간 방주로, 항공모함급 리더로 길러내는 곳입니다.

또 제자 8명당 한 명의 스승을 배치하여 국어, 영어, 수학, 사회, 과학, 국사 등 모든 과목을 수준별 맞춤형으로 1 대 1로 가르치며 수업하는 곳입니다. 가령 중3 제자의 과목별 수준에 따라 영어는 고2 수업을, 수학은 초6 수업을, 국어는 중3 수업을 맞춤형으로 진행합니다.

특히 아침 8시 30분부터 저녁 8시까지 모든 과목의 스승님들이 제자들과 함께하며 지도하는 곳이라 과외나 학원도 필요 없는 학교입니다. 학교이지만 학

원처럼 여름방학과 겨울방학이 따로 없고, 1년 365일 학생들을 돌보고 보살펴 줄 수 있는 꿈의 학교가 바로 이곳입니다.

최병호 국제혁신영재사관학교 교감

많은 사람과 인터뷰를 진행하다 보면 유독 여운을 남기는 사람이 있습니다. 아마도 그 사람의 진정성과 통찰력 때문이라고 생각합니다. 저는 오두환 대표와의 인터뷰에서 진한 여운을 느꼈습니다. 이런 여운을 모두가 공유할 수 있기를 바랍니다.

최설민 〈놀면서 배우는 심리학(놀심)〉 국내 심리학 분야 1위 유튜버

일러두기

이 책에서 소개한 교육 인프라, 프로그램, 운영 철학의 구체적인 내용이나 실질적인 적용 방법에 대한 상세 문의는 학교 공식 홈페이지(도서관, 각종 시설, 62가지 역량, 하브루타, 하버드식 토론, AI·금융, 세계관, 스승 다짐문, 제자 다짐문 등) 또는 전화(1577-9174)로 연락주시기 바랍니다.

우리는 모두 자녀가 특별하고 행복하길 바랍니다. 하지만 대다수는 평범한 방법을 선택합니다. 학교를 마치고 학원을 돌고, 저녁 늦게 귀가해 숙제를 마친 뒤 잠드는 일상이 반복됩니다. 이런 생활이 반복되면서 아이는 어느 순간부터 점점 평범해지고, 스스로 무엇을 좋아하는지, 어떤 꿈을 꾸었는지 잊어버리게 됩니다. 과연 '지금의 공부'가 5년 뒤에도 여전히 유효할까요? 급격히 변하는 시대, 그 변화를 즐길 줄 아는 아이로 키워야 하지 않을까요?

부모로서 내 아이가 평범해지는 모습을 보는 것은 어떤 기분인가요? 처음 아이를 품에 안았을 때의 벅찬 감동과 희망, 설렘과 기쁨을 떠올려보세요. 그때 우리는 아이에게서 무한한 가능성을 보았습니다.

하지만 지금 우리 아이가 꿈꾸는 미래는 어떤 모습인가요? 정말로 우리가 바란 그 특별한 모습이 맞을까요?

저는 두 아이의 아버지이자, 두 개의 교사 자격증을 가진 교육자입니다. 여러 대학에서 교수로서 강의하며 10여 권의 책을 집필한 저자이자 한 학교의 학교장이기도 합니다. 또한 20여 개의 회사를 운영하며 현장과 교실을 오가고 있습니다.

초등학교와 중학교 시절 내내 책 속에 파묻혀 지냈던 저는, 결국 책을 직접 쓰는 학생으로 성장했습니다. 중학교 2학년 때는 수업 시간에 몰래 책을 읽고 원고를 쓰다가 선생님께 들켜 집필 노트 10여 권을 압수당한 적도 있습니다. 세상이 무너진 것 같은 심정으로 제발 돌려달라며 며칠을 펑펑 울기만 했습니다. 하지만 왜 수업에 집중을 안 했냐는 선생님은 물론이고, 심지어 부모님조차 저를 도와주시지 않았습니다. 그러던 어느 날, 한 선생님께서 제가 집필한 원고를 다 읽어보시더니 이렇게 말씀하셨습니다.

"얘는 그냥 두자."

그날 이후 저는 교육자의 꿈을 품고, 교실 뒤편에서 마음껏 책을 읽고 쓰며 성장했습니다. 시간이 흘러 교사이자 교수, 작가가 되었고 마침내 대안학교를 세웠습니다. 그리고 지금은 로봇 제조 대기업을 꿈꾸는 사업가로 살아가고 있습니다. 돌이켜보면 그때 제가 만난 새로운 환경은 바로 제가 꿈꾸던 대안학교였고, 지금의 대한민국에 꼭 필요한 교육 시스템이었습니다.

우리 아이의 하루 대부분이 '정답 맞히기'에 쓰이는 것이 정말 최선일까요? 연구에 따르면 암기 위주의 교육과 성적 순위 경쟁만 경험한 아이는 사고력과 창의성이 떨어지고, 즐기는 동료와 비교될수록 삶의 만족도도 급격히 떨어진다고 합니다.

저는 오두환입니다. 수상 경력과 기업·대학 강의, 방송 출연 목록을 길게 늘어놓을 수도 있습니다. 하지만 제가 이 책과 학교를 시작한 이유는 하나입니다. 내 아이를, 그리고 이 시대의 아이들을 '평생 행복하게 일하는 사람'으로 키우고 싶어서입니다.

수년 전 어느 날, 저는 충격적인 경험을 했습니다. 한 학생이 제게 물었습니다.

"교수님, 저는 왜 공부해야 하는지 모르겠습니다."

그 순간, 제 마음에 큰 파문이 일었습니다. 수많은 아이가 이 질문조차 해보지 못한 채, 이유도 모른 채 책상 앞에 앉아 있기 때문입니다. 그저 '시키니까', '남들이 하니까' 공부를 합니다. 하지만 이런 이유로 공부한 결과는 어떻습니까? 많은 학생이 대학교에 들어가서도, 심지어 직장인이 되어서도 자신이 무엇을 하고 싶은지 모른 채 살아갑니다. 무엇을 좋아하는지, 진정으로 행복한 일이 무엇인지 깨닫지 못한 채 남들과 똑같은 길을 따라갑니다. 저는 대학 입학을 좌우하는 수시·

정시 면접에서, 가장 먼저 "왜 지원했나요?"라고 묻습니다. 그런데 스무 살이 되어도 지원 동기도 제대로 답하지 못하는 학생이 절반이 넘습니다.

우리가 흔히 말하는 '성공'이란 무엇일까요? 좋은 대학? 좋은 직장? 안정적인 삶? 지금 세상은 그렇게 단순하지 않습니다. 5차 산업혁명과 인공지능(AI)의 시대가 이미 시작되었습니다. 앞으로 10년 안에 지금 존재하는 직업의 상당수가 사라지고, 새로운 직업들이 생겨날 것입니다. 이 급격한 변화 속에서 내 아이가 지금 배우고 있는 지식이 과연 미래에도 가치 있을까요? 남들이 모두 똑같이 하는 교육을 그대로 따라가는 것이 정말 현명한 선택일까요?

하버드대 교육학자 하워드 가드너(Howard Gardner)는 '다중지능 이론'을 통해 인간이 가진 다양한 지능을 설명합니다. 그는 모든 아이가 저마다 특별한 능력을 타고났다고 강조합니다. 그러나 한국의 교육 현장은 이 다중지능을 외면한 채, 수학·영어 등 일부 학문적 지능만을 인정합니다. 그 결과 아이들은 학교에서 자신의 잠재력을 제대로 발휘하지 못하고 스스로 특별한 존재라는 믿음을 잃어갑니다.

아이들에게 필요한 것은 단순히 '공부를 시키는 것'이 아니라, '공부하고 싶게 만드는 것'입니다. 아이가 스스로 흥미를 느끼고, 목표를 세우며, 자신의 재능을 발견해 몰입할 수 있도록 돕는 것이 진정한 교육입니다.

'몰입(Flow)' 개념을 처음 제시한 미하이 칙센트미하이(Mihaly Csikszentmihalyi)는 몰입 상태에 들어간 사람은 시간과 공간을 잊고 일에 완전히 빠져들며, 그 과정에서 최고의 성과와 깊은 성취감을 경험한다고 말했습니다. 우리 아이가 그런 몰입 상태에서 공부할 수 있도록 만드는 것, 그것이 바로 부모와 교사의 역할입니다.

아이들은 태어날 때부터 호기심과 열정을 품고 있습니다. 유치원을 다닐 때만 해도 아이들은 질문을 멈추지 않습니다. 하지만 학교에 들어가면서 질문은 점점 줄어듭니다. 선생님은 가르치고, 아이들은 듣고 받아 적는 시간이 늘어나죠. 그 과정에서 스스로 생각하고 질문하는 힘은 점점 약해집니다. 아이들은 그렇게 조금씩 평범해지고 수동적으로 변합니다. 결국 학년이 올라갈수록 자신이 무엇을 좋아하고, 무엇을 원하는지 알지 못한 채 살아가게 됩니다.

그렇다면 지금 우리는 무엇을 해야 할까요? 바로 아이가 다시 질문하고 스스로 생각할 수 있는 기회를 만들어주어야 합니다. 책상 앞에만 앉혀두지 말고 세상 속에서 직접 경험하게 해주세요. 좋아하는 분야의 전문가를 만나게 하고, 자신이 하고 싶은 일에 몰입할 수 있는 환경을 선물해주세요. 그 속에서 아이는 자신이 어떤 사람인지, 그리고 진정으로 원하는 것이 무엇인지 발견하게 됩니다.

이 책은 지금까지의 한국 교육 방식에서 벗어나 아이가 자신만의 특별한 능력과 달란트를 발견할 수 있도록 돕는 구체적인 방법을 담고 있습니다. 제가 살아온 과정을 역순으로 되짚으며 몰입(칙센트미하이), 성장(드웩), 자기 결정성(라이언, 데시), 근접 발달 영역(비고츠키), 서사(브루너), 의도적 수련(에릭슨), 다중지능(가드너), 가시적 학습(해티), 학습법(둔로스키, 에빙하우스), 인지 부하(스웰러) 등 세계적인 학자들의 이론과 연구를 바탕으로 집필했습니다. 십수 년간 교육 현장과 사업 현장에서 쌓은 저의 경험과, 세계적인 석학들의 연구를 바탕으로 지금 당장 우리 아이에게 적용할 수 있는 방법들을 소개합니다.

두 아이의 아버지로서 저는 압니다. 아이의 미래는 우리가 오늘 내리는 작은 선택에 달려 있다는 것을요. '남들 다 하는 대로'라는 안도감은 달콤합니다. 하지만 그 길 끝에서 "왜 이렇게까지 해야 하느냐"는 질문을 던지는 아이의 눈을 마주치게 된다면 우리는 다시 돌아봐야 합니다.

이 책은 바로 그 순간을 위한 책입니다. 아이의 눈빛이 다시 살아나고, 공부=일=놀이=행복이 하나가 되는 장면을 집에서도, 학교에서도, 그리고 다양한 현장에서도 재현할 수 있게 돕는 책입니다. 평범한 교육의 틀에서 벗어나 아이를 '특별한 인재'로 성장시키는 것, 그것이 부모로서 우리가 지닌 가장 큰 역할이자 책임입니다. 만약 아이를 평범하게 키우고 싶으시다면, 지금 이 책을 덮으셔도 좋습니다. 하지만 아이가 자신만의 특별한 인생을 살기를 원한다면, 이 책의 마지막 장까지 꼭 함께해 주세요. 이 책을 끝까지 읽는 순간, 아이의 미래는 달라질 것입니다.

아이를 평범하게 키우지 않겠다고 결심한 부모만이 이 여정을 끝까지 완주할 수 있을 것입니다.

1장   평범한 아이로 키울 거라면, 이 책은 절대 읽지 마십시오

2장   기존 교육 방식이 아이의 두뇌를 망친다

8장　'학교 밖'에서 키워야 아이의 두뇌가 살아난다

1장

평범한 아이로 키울 거라면,
이 책은 절대 읽지 마십시오

결국 행복해진 사람들
자기 일로 성과내며 행복하게 사는 능력

우리는 자녀가 행복하기를 바랍니다. 아이를 낳고 키우면서 대부분의 부모는 아이의 행복을 최우선 가치로 생각합니다. 하지만 현실은 어떨까요? 우리 사회에서 '행복하게 사는 방법'을 가르치는 학교는 과연 얼마나 있을까요? 우리는 수학, 영어, 과학은 열심히 가르치지만 정작 행복하게 사는 법은 잘 가르치지 않습니다. 그래서인지 한국의 교육 현실 속에서 행복은 아이들의 목표가 아닌 것처럼 보입니다.

그렇다면 행복한 삶이란 무엇일까요? 아이가 진정으로 행복하기 위해서는 무엇이 필요할까요? 그것은 다름 아닌 아이가 스스로 선택한 일을 하면서 그 안에서 스스로 성과를 내고, 자신이 가진 달란트를 충분히 발휘하는 것입니다. 자신이 좋아하는 일을 하며, 의미와 성취감을 느낄 때 비로소 행복이 찾아옵니다.

행복한 사람들의 공통점

심리학자 마틴 셀리그먼(Martin Seligman)은 '긍정심리학' 연구를 통해 행복한 사람들의 공통점을 분석했습니다. 그의 연구에 따르면 행복한 사람들은 자신이 좋아하는 일에 몰두하고, 그 과정에서 성취감을 느끼며, 주변과 긍정적인 관계를 맺습니다. 특히 자신이 선택한 분야에서 일하며 의미를 찾는 사람들은 높은 행복도를 유지한다고 강조합니다.

우리 아이가 행복한 삶을 살기 위해서는 부모나 학교가 강요하는 공부가 아니라, 스스로 좋아하고 열정을 느끼는 일을 찾아야 합니다. 많은 부모가 "우리 아이는 아직 뭘 좋아하는지 모르겠어요"라고 말합니다. 하지만 아이가 좋아하는 것을 찾도록 다양한 경험과 도전의 기회를 주었는지 먼저 돌아봐야 합니다. 경험의 기회 없이 재능이나 관심사가 없다고 판단하는 것은 너무나 섣부른 결론입니다.

심리학자 미하이 칙센트미하이는 '몰입' 이론을 통해 인간이 진정으로 행복감을 느끼는 순간에 관해 이야기했습니다. 그는 몰입을 '자신이 좋아하는 일을 하면서 그 일에 깊이 빠져 시간의 흐름을 잊고, 최고의 성과를 내는 상태'라고 정의했습니다. 몰입 상태에 빠진 사람은 자신이 하는 일에서 큰 만족감과 행복감을 느낍니다.

우리 아이가 이런 몰입을 경험하기 위해서는 자신이 진정으로 좋아하고 잘할 수 있는 일을 찾아야 합니다. 그런데 현실에서는 많은 아이가 학교에서 자신이 무엇을 좋아하는지 발견할 기회조차 얻지 못합니다. 학교에서 배우는 과목 외에는 관심을 가질 기회가 없고, 그나마 배우는 과목에서도 스스로 흥미를 느끼는 주제를 찾기 어렵습니다.

부모의 역할은 아이가 스스로 관심 있는 분야를 발견할 수 있도록 다양한 경험을 제공하는 것입니다. 여행, 독서, 다양한 체험 활동과 현장 방문을 통해 아이가 무엇에 흥미를 느끼고, 어떤 순간에 행복을 느끼는지 스스로 발견할 수 있게 해야 합니다. 이렇게 자신만의 일을 찾게 되면 아이는 자연스럽게 몰입하게 되고 그 안에서 진정한 행복을 느끼게 됩니다.

흔히 '성과'라고 하면 많은 부모가 좋은 성적이나 높은 점수를 떠올립니다. 하지만 여기서 말하는 성과는 남들과 비교해 더 높은 점수를 받는 것이 아닙니다. 아이가 스스로 목표를 세우고, 그 목표를 달성하면서 느끼는 성취감과 만족감을 뜻합니다. 작은 성과라도 스스로 이뤄냈다는 기쁨을 느낄 때, 아이는 성장과 함께 행복을 경험합니다.

세계적인 심리학자 캐럴 드웩(Carol Dweck)은 '성장 마인드셋(growth mindset)'을 이야기하며 작은 성취의 중요성을 강조합니다. 그녀는 아이가 스스로 작은 목표를 세우고 이를 달성해나가면서 점점 더 어려운 목표에 도전하도록 격려해야 한다고 말합니다. 이 과정에서 아이는 자신감과 자존감을 높이고, 진정한 행복감을 얻게 됩니다.

아이들이 경험하는 작은 성과는 스스로 이뤄낸 결과일 때 가장 큰 의미를 가집니다. 부모가 대신 만들어준 성과가 아니라 아이 스스로 노력해서 얻은 성과일 때 아이들은 그 경험을 통해 행복을 느끼며 성장합니다. 아이에게 이런 기회를 제공하는 것, 그것이 부모의 가장 중요한 역할입니다.

달란트는 행복한 삶의 핵심 조건

달란트(talent)는 개인이 타고난 재능이나 강점을 뜻합니다. 모든 아이가 달란트를 가지고 태어나지만, 환경과 교육에 따라 발현될 수도 있고 사라질 수도 있습니다. 따라서 부모가 아이의 달란트를 발견하고 이를 키워나가는 일은 아이가 평생 행복하게 살아가기 위한 핵심 조건입니다.

하워드 가드너의 '다중지능 이론'에 따르면, 인간에게는 최소 여덟 가지 이상의 서로 다른 지능이 있다고 합니다. 언어 지능, 논리수학 지능, 공간 지능, 음악 지능, 신체운동 지능, 대인관계 지능, 자기이해

지능, 자연친화 지능이 그것이며 여기에 실존적 지능이 추가되었습니다. 학교에서는 주로 언어 지능과 논리수학 지능만을 중시하지만 실제로 아이들이 가지고 있는 달란트는 그보다 훨씬 다양합니다.

아이의 달란트를 발견하기 위해 부모가 해야 할 가장 중요한 일은 아이를 잘 관찰하는 것입니다. 아이가 무엇을 할 때 눈빛이 달라지고, 무엇을 할 때 시간 가는 줄 모르는지 지켜보아야 합니다. 그런 관찰을 통해 아이가 가진 달란트를 발견하고, 그 달란트를 키워나갈 수 있도록 적극적으로 지원해줘야 합니다.

달란트를 키우는 과정은 아이가 자신을 이해하고 정체성을 확립하는 과정이기도 합니다. 아이는 자신이 가진 달란트를 발휘하며 자신만의 특별한 인생을 살아가면서 행복을 느낍니다.

과거에는 좋은 대학에 진학하고 안정된 직장에 취업하는 것이 성공과 행복의 기준이었습니다. 하지만 시대가 달라졌습니다. 인공지능과 자동화 기술이 빠르게 발전하면서 많은 직업이 사라지고 새로운 직업들이 생겨나고 있습니다. 이제 남들과 똑같은 방식으로 평범하게 살아가는 것이 더 이상 안전하다고 말할 수 없습니다.

이런 시대에 아이가 행복한 삶을 살기 위해서는 자신만의 특별한 능력과 달란트를 갖춰야 합니다. 남들과 다른 고유한 강점을 발견하고, 그것을 통해 사회에서 인정받으며 행복을 느낄 수 있어야 합니다. 평범함을 벗어나 특별함을 선택하는 것, 이것이 지금 우리 아이들에게 더 필요한 시대가 되었습니다.

따라서 우리는 평범한 아이가 아닌, 특별한 아이로 키워야 합니다. 아이가 진정으로 행복해질 수 있는 능력을 키워줘야 합니다. 아이가 자신만의 일을 찾고, 그 일에 몰입하며, 성과를 이루어 나갈 수 있도록 돕는 것이 진정한 교육입니다. 부모인 우리에게는 아이를 특별하게 키울 책임과 의무가 있습니다. 이 책을 읽고 아이를 평범한 삶이 아닌 특별하고 행복한 삶으로 이끌어주시길 바랍니다.

"

행복한 사람들은 대부분 하루 종일
'자기만의 일'이 머릿속을 떠나지 않는다.

"

by 오두환

결국 인정받는 사람들
이름만으로 사랑받는 사람이 되는 능력

사람은 누구나 인정받고 싶어 하는 본능을 가지고 태어납니다. 아이는 태어나자마자 부모의 인정과 사랑을 갈망하고, 학교에 가면 친구와 선생님에게서, 사회에 나가면 동료와 상사에게서 그리고 더 넓은 세상에서 인정받기를 원합니다. 즉, 사람의 행복감과 자존감의 상당 부분은 '인정'이라는 요소에 기반을 둡니다. 그래서 자녀가 행복하고 성공적인 삶을 살기 위해서는 스스로의 가치를 제대로 인정받는 능력을 길러주는 것이 무엇보다 중요합니다.

그러나 현대사회는 점점 더 복잡해지고 경쟁은 치열해지고 있습니다. 누구나 뛰어난 학력과 좋은 스펙을 가졌음에도 사회적으로 인정받는 사람은 극소수에 불과합니다. 이런 현실에서 자녀가 자신만의 특별한 강점과 이야기를 가지고 사회적 인정과 관심을 받을 수 있도록 돕는 기술이 바로 '퍼스널 브랜딩'입니다.

퍼스널 브랜딩이란?

퍼스널 브랜딩(personal branding)은 기업이나 상품이 브랜드를 만드는 것처럼 개인이 자신만의 브랜드를 만들어가는 과정입니다. 자신이 가진 강점, 가치, 특별한 재능 등을 효과적으로 표현하고 알리는 것을 뜻하죠. 특히 요즘 같은 초연결 시대에는 그 중요성이 더욱 커졌습니다. SNS, 블로그, 유튜브와 같은 플랫폼 덕분에 개인이 직접 자신의 이야기를 전하고 많은 사람과 소통할 수 있는 길이 열렸기 때문입니다.

유명한 마케팅 전문가 세스 고딘(Seth Godin)은 "모든 사람은 이미 브랜드이며, 스스로 그것을 알리는 능력에 따라 인정받는다"라고 말했습니다. 즉, 자신을 어떻게 브랜딩하느냐에 따라 인생의 방향이 크게 달라질 수 있다는 뜻입니다.

자녀가 세상을 살아가며 반드시 갖춰야 할 중요한 역량 중 하나는 스스로를 브랜드로 인식하고, 이를 효과적으로 표현하며 전달하는 능력입니다. 퍼스널 브랜딩은 더 이상 선택이 아닌 필수가 되었습니다.

아이가 오랜 시간 노력해 자신의 분야에서 최고의 실력을 갖추었더라도, 이 원칙을 모르고 사회에서 인정받지 못한다면 얼마나 안타까운 일일까요? 예를 들어, 오은영 박사는 전문 분야가 청소년이나 아동이 아님에도 국내 최고의 아동 전문가로 인정받고 있습니다. 또 백종원 대표 역시 전문 셰프로서의 경력은 다소 부족하지만, 유명 셰프들의 요리를 평가하고 대중과 소통하는 능력을 통해 최고의 요리 전문가로 자리매김했습니다.

퍼스널 브랜딩은 자신을 부풀리는 것이 아닙니다. 있는 그대로의 강점을 발견하고, 그것을 세상에 잘 알리는 능력입니다. 그리고 지금, 퍼스널 브랜딩은 우리 아이에게 필요한 생존 기술이 되었습니다.

책과 콘텐츠가 주는 진정한 가치

요즘은 자신만의 책을 쓰고 출간하는 사람들이 눈에 띄게 늘었습니다. 책을 쓴다는 것은 단순히 지식을 나누는 것을 넘어, 개인의 브랜드와 가치를 확립하는 효과적인 방법입니다. 책을 통해 우리는 자신의 전문성과 가치를 명확히 알릴 수 있습니다. 책은 자신의 지식과 경험을 체계적으로 정리하여 타인에게 전달하는 도구입니다. 책을 출간한 사람은 해당 분야에서 전문성을 인정받고 사회적으로 신뢰를 얻게 됩니다.

또한 책은 사회적 인지도를 높이고 새로운 기회를 열어줍니다. 많은 사람이 책을 통해 저자를 알게 되면 다양한 강연이나 협업 기회가 생기고, 더 넓은 사회적 네트워크가 형성됩니다. 이렇게 만들어진 네트워크는 결국 자녀의 인생에 더 큰 가능성을 제공합니다.

그리고 자기 인생을 스스로 컨트롤할 수 있는 힘이 생깁니다. 책을 쓰는 과정에서 자신이 무엇을 좋아하고, 무엇에 몰입하는지 명확하게 알게 되어 자신만의 정체성을 확립하는 데 큰 도움이 됩니다. 이렇게 확립된 자기 정체성은 삶에서 흔들리지 않는 강력한 기반이 됩니다.

이제는 책뿐만 아니라 유튜브, 인스타그램, 블로그 등 다양한 플랫폼을 통해 누구나 자신만의 목소리를 낼 수 있는 시대가 되었습니다. 이러한 매체들은 개인이 스스로를 브랜딩하고 세상에 가치를 알리는 데 매우 효과적인 수단이 되었습니다.

특히 유튜브는 아이들에게도 친숙하고 매력적인 무대입니다. 아이들은 유튜브를 통해 자신이 좋아하는 주제에 관해 이야기하고, 그 과정에서 수많은 사람의 관심과 인정을 받습니다. 실제로 많은 아이가 유튜브 채널을 운영하며 자신만의 콘텐츠를 만들어냅니다. 이러한 과정에서 아이들은 자신이 좋아하는 분야를 더 깊이 탐구하고 몰입하며 자신만의 독특한 스토리를 만들어나갑니다.

유튜브나 블로그는 아이들이 어릴 때부터 자신의 의견을 표현하고, 세상과 소통하며, 더 많은 사람에게 인정받는 과정을 자연스럽게 경험할 수 있도록 도와줍니다. 이런 경험은 아이들이 앞으로 살아가면서 사회적 성공과 인정을 얻는 데 강력한 자산이 됩니다.

세계적으로 성공한 사람들을 살펴보면, 그들에게는 한 가지 공통점이 있습니다. 바로 자신이 가진 가치를 명확하게 알고, 그것을 세상에 효과적으로 표현할 줄 안다는 점입니다. 그들은 자신의 강점과 재능을 그냥 마음속에만 간직하지 않습니다. 오히려 적극적으로 드러내고 그것을 통해 사람들의 관심과 인정을 자연스럽게 이끌어냅니다.

스티브 잡스, 일론 머스크, 오프라 윈프리 같은 인물들은 단순히 재능과 성취만으로 유명해진 것이 아닙니다. 이들은 자신만의 철학과 스토리를 분명히 세우고, 그것을 세상에 매력적으로 전달하는 방법을 알고 있었습니다. 잡스는 기술을 예술로 승화시키는 비전으로, 머스크는 미래를 바꾸겠다는 도전 정신으로, 윈프리는 사람들의 마음을 깊이 이해하고 연결하는 공감 능력으로 전 세계를 사로잡았습니다. 그들의 특별함은 단지 실력에서 나온 것이 아니라, 자신만의 브랜드를 단단히 구축하고 이를 일관되게 보여준 데에서 비롯된 것입니다.

따라서 자녀가 평범함을 벗어나 진정한 의미의 특별한 인재로 성장하기 위해서는 반드시 자신의 가치를 표현하는 힘을 길러야 합니다. 이것은 단순히 '나 이런 사람이에요'라고 말하는 자기소개 수준을 넘어섭니다. 자신이 누구인지, 무엇을 할 수 있는지, 어떤 철학을 가지고 살아가는지를 세상과 나누는 소통 과정입니다. 그리고 이 과정은 다른 사람과 깊이 연결되고, 사회로부터 의미 있는 인정을 받을 수 있는 가장 강력한 수단이 됩니다.

퍼스널 브랜드를 구축하는 실천적 방법

자녀가 자신의 강점을 세상에 알리고 인정받을 수 있도록 돕는 일은 부모가 해줄 수 있는 가장 큰 선물 중 하나입니다. 방법은 거창할 필요 없습니다. 일상 속에서 자연스럽게 스며들 수 있도록 하는 것이 중요합니다.

먼저, 아이가 무엇을 좋아하고 어떤 순간에 몰입하는지를 세심하게 살펴보세요. 이런 순간을 부모와 함께 기록하고 나누다 보면 아이는 스스로의 강점을 더 분명하게 인식하게 됩니다.

그리고 아이가 책을 읽고 글을 쓰는 습관을 갖도록 격려해주세요. 글은 처음부터 길고 완벽할 필요 없습니다. 마음에 떠오르는 생각을 짧게라도 적다 보면 자기표현력이 서서히 자랍니다.

가능하다면 아이가 직접 책을 써보게 해주세요. 자신의 경험과 생각을 정리해 누군가에게 전하는 과정은 아이의 자신감을 키우고 세상과 소통하는 방법을 배우게 합니다.

또한 유튜브나 블로그처럼 쉽게 접근할 수 있는 매체를 활용해 자신만의 콘텐츠를 만들어보게 하세요. 처음에는 간단한 주제로 시작하더라도 점차 자신만의 색을 담아가는 과정에서 창의성과 표현력이 눈에 띄게 성장합니다.

무엇보다 아이가 자기만의 이야기를 만들어가도록 지지해주세요. 그 이야기가 곧 아이의 브랜드가 되고, 세상과 연결되는 다리가 됩니다. 더 자세한 내용은 뒤에서 상세히 설명하겠습니다.

과거에는 좋은 대학과 안정된 직장이 인생의 보증수표처럼 여겨졌습니다. 하지만 지금은 시대가 달라졌습니다. 변화를 따라가지 못하면 평범함이 오히려 위험이 되는 세상입니다. 이제는 남들과 같은 길을 걷는 사람이 아니라 자신만의 이야기를 가진 사람이 더 큰 기회와 인정을 얻습니다.

지금이 바로 우리 아이에게 그 '특별한 이야기'를 만들어줄 때입니다. 퍼스널 브랜딩, 책 쓰기, 유튜브 같은 다양한 도구를 통해 아이 스스로 자신의 가치를 세상에 자신 있게 알릴 수 있도록 부모가 적극적으로 도와야 합니다. 그래서 저는 직접 세운 출판사와 학교를 연계하여 책 쓰기 훈련 프로그램을 실행하고 있습니다.

우리 아이가 세상 어디서든 자신을 당당히 드러내고, 자신의 삶을 특별하게 만들어갈 수 있도록 돕는 것. 그것이 부모로서 우리가 줄 수 있는 가장 값지고 오래 남는 선물입니다.

“

무명의 누군가로 평생 살아간다는 것은

노력의 ‘가치’를 평생 도둑맞는 일이다.

”

by 오두환

결국 성공하는 사람들
돈이 필요 없는 사람처럼 부유해지는 능력

부모라면 누구나 아이가 성공하길 바랍니다. 그러나 정작 성공이 무엇인지, 어떻게 해야 성공할 수 있는지를 구체적으로 가르쳐본 적은 많지 않습니다. 특히 우리 사회에서는 성적과 대학, 직장 같은 외형적인 조건을 성공의 기준으로 삼는 경우가 많습니다. 하지만 진정한 성공을 위해 꼭 필요한 '경제적 자유'와 '돈에 대한 올바른 개념'은 거의 다루지 않습니다.

아이들이 진정한 성공과 경제적 독립을 이루기 위해서는 어릴 때부터 돈에 대한 올바른 개념과 관리 능력을 반드시 배워야 합니다. 세계적인 투자자 워런 버핏(Warren Buffett)은 "부모가 아이에게 돈 관리 능력을 가르치지 않는다면, 그 아이는 평생 돈 때문에 어려움을 겪을 것이다"라고 말했습니다. 부모가 자녀에게 물려줄 수 있는 가장 큰 자산은 바로 올바른 돈의 개념과 현명한 돈 관리 능력입니다.

왜 아이들에게 돈 관리 능력을 가르쳐야 할까?

유대인 가정에서는 아주 어린 시절부터 자녀에게 돈과 금융 교육을 철저히 합니다. 학교뿐 아니라 가정에서도 돈의 흐름과 경제적 가치를 배우고, 이를 실생활에서 직접 경험하게 합니다. 그 결과 전 세계 금융과 경제 분야에서 유대인이 차지하는 비율이 높다는 사실은 잘 알려져 있습니다. 그들은 돈을 버는 방법뿐 아니라 올바르게 쓰고, 관리하며, 유지하는 방법까지 체계적으로 익히기 때문에 자연스럽게 경제적 자유와 독립을 이룹니다.

반면 우리나라에서는 여전히 "돈 이야기는 좋지 않다"거나 "돈을 밝히면 안 된다"는 식의 인식을 심어주는 경우가 많습니다. 이런 환경에서 자란 아이들은 돈을 다루는 방법을 배우지 못한 채 성장합니다. 성인이 되어서도 돈을 어떻게 벌고, 또 어떻게 써야 하는지조차 제대로 알지 못하는 경우가 많습니다.

지금, 세상은 급격히 변하고 있습니다. 5차 산업혁명과 인공지능의 발전으로 전통적인 직업은 사라지고 새로운 경제 활동이 계속 등장하고 있습니다. 이 변화 속에서 살아남고 성공하기 위해서는 단순히 안정된 직장을 얻는 것만으로는 부족합니다. 돈의 가치를 이해하고, 그것을 자신의 미래를 위해 활용할 수 있는 능력이 필수입니다.

아이에게 올바른 돈의 개념과 돈 관리 능력을 가르치는 일은 단순히 부자가 되게 하기 위한 교육이 아닙니다. 스스로 인생을 선택하고, 주도하며, 경제적 자유를 이루기 위한 가장 기본적인 준비이자 필수 조건입니다.

돈은 우리 삶의 거의 모든 영역에 영향을 미칩니다. 삶의 질과 행복도 어느 정도는 돈과 관련이 있고, 건강한 인간관계를 유지하는 데에도 중요한 역할을 합니다. 그럼에도 불구하고 많은 부모는 아이에게 돈의 중요성이나 돈을 다루는 방법을 제대로 알려주지 않습니다.

진정한 돈 교육은 단순히 액수를 계산하거나 부자가 되는 방법을 가르치는 것이 아닙니다. 돈 교육은 아이가 스스로 삶을 설계하고 수입과 지출을 관리하며 미래를 준비하는 능력을 키워주는 과정입니다. 이런 능력을 일찍부터 배우면 성인이 되어서도 안정적이고 주도적으로 살아갈 수 있습니다.

세계적인 금융 교육 전문가이자 《부자 아빠 가난한 아빠》의 저자인 로버트 기요사키(Robert Kiyosaki)는 "부모가 돈에 대한 교육을 하지 않으면 아이는 평생 돈의 노예로 살게 될 것이다"라고 말했습니다. 그는 아이에게 돈 관리 능력을 가르치는 것이 부모가 해야 할 가장 중요한 역할 중 하나라고 강조했습니다.

아이에게 돈의 흐름과 관리 방법을 어릴 때부터 알려주면 경제적 독립과 자유를 자연스럽게 이루게 됩니다. 그렇게 성장한 아이는 자신이 원하는 삶을 선택할 수 있으며, 타인에게 의존하지 않고 주도적인 인생을 살아갈 수 있습니다.

아이들에게 돈 관리 능력을 가르치는 구체적인 방법

부모가 아이에게 돈 관리 능력을 가르치는 방법은 생각보다 멀리 있지 않습니다. 일상 속에서 자연스럽게 반복하며 익히게 하는 것이 가장 효과적입니다.

첫째, 용돈 관리를 통한 경제적 개념을 형성해주세요.
아이에게 적절한 용돈을 주고 스스로 수입과 지출을 관리하게 해주세요. 용돈을 받아 직접 사용해보는 과정에서 자신이 가진 자원의 가치를 정확히 알게 됩니다. 이때 중요한 것은 단순히 돈을 건네는 것이 아니라 어떻게 관리하고 사용하는지까지 함께 지도하는 것입니다.

둘째, 저축과 투자의 중요성을 일찍부터 가르쳐주세요.
아이에게 저축 습관과 투자 개념을 어릴 때부터 심어주세요. 예를 들어 작은 저금통을 준비해 일정 기간 돈을 모으게 하고, 모은 돈으로 원하는 것을 스스로 구매하게 해주세요. 이렇게 하면 돈을 모으고 목표를 달성하는 성취감을 경험하게 됩니다. 여기에 간단한 투자 개념도 소개해주세요. 자산을 꾸준히 늘려가는 복리의 원리나 기초적인 주식 투자 원리를 알려주면 돈을 어떻게 불려나갈 수 있는지 일찍부터 이해할 수 있습니다.

셋째, 소비와 지출을 계획하고 관리하는 습관을 키워주세요.
아이에게 자신의 소비 습관을 점검하고 지출을 계획하는 능력을 가르쳐주세요. 일정 기간 용돈 사용 내역을 기록하게 한 뒤, 부모와 함께 어떤 지출이 현명했고 어떤 지출이 불필요했는지 이야기해보세요. 이런 과정을 꾸준히 반복하면 아이는 자연스럽게 돈 관리 능력을 익히고, 더 현명하고 책임감 있는 소비 습관을 기르게 됩니다.

넷째, 돈에 대한 건강한 태도를 가르쳐주세요.
돈을 다룰 때 올바른 태도를 가지는 것은 매우 중요합니다. 돈은 인생을 살아가는 데 꼭 필요한 도구이지만 그것이 전부는 아니라는 점을 명확히 알려주세요. 아이가 돈을 단순히 많이 벌기 위한 수단으로 생각하기보다 자신의 꿈과 목표를 이루기 위한 도구로 인식하도록 지도하는 것이 필요합니다.

다섯째, 일에 몰입하고 즐길 수 있게 가르쳐주세요.

많은 사람이 '돈을 벌면 좋아하는 일을 하겠다'고 말합니다. 그러나 좋아하는 일을 하는 사람은 돈을 벌기 위해 일하지 않습니다. 일과 인생을 하나의 놀이터처럼 생각하며 몰입하다 보면 어느새 돈 걱정이 사라집니다. 그렇게 즐겁게 일하는 사람은 사치나 낭비, 불필요한 욕망에 쉽게 휘둘리지 않습니다.

경제적 독립을 이룬 아이가 결국 성공한다

성인이 된 아이에게 가장 중요한 것은 경제적 독립입니다. 경제적으로 독립하지 못한 사람은 자신의 삶을 주도적으로 살기 어렵고 결국 타인이나 사회 환경에 의존하게 됩니다. 그래서 부모가 아이에게 물려줄 수 있는 가장 큰 자산은 경제적 독립을 이룰 수 있는 힘입니다.

어릴 때부터 돈의 개념을 정확히 이해하고, 수입과 지출을 스스로 관리하며, 목표를 세워 저축과 투자를 습관으로 만든다면 경제적 독립과 자유는 자연스럽게 따라옵니다. 이렇게 길러진 힘은 결국 인생에서 진정한 성공을 이루는 든든한 기반이 됩니다.

경제적으로 독립한 아이는 어떤 상황에서도 자신의 삶을 주도할 수 있습니다. 원하는 일을 선택할 수 있는 자유가 있고, 원하지 않는 일을 거절할 수 있는 용기도 갖게 됩니다. 자신의 삶을 스스로 결정하고 통제할 수 있는 사람, 바로 그런 아이가 진정한 의미에서 성공한 사람입니다.

이제 부모의 역할이 필요합니다. 아이가 돈 관리 능력을 익히고 경제적 독립을 이룰 수 있도록 돕는 것, 그 과정이 곧 특별하고 성공적인 삶으로 가는 길입니다. 평범한 삶을 넘어 자신만의 성공을 만들어가는 아이로 키우고 싶다면 지금부터라도 돈 관리와 경제적 독립의 중요성을 알려주세요. 평범함을 넘어 특별한 성공을 향해 나아가는 길, 그 여정을 아이와 함께 시작하시길 바랍니다.

"

'돈'이란 원하는 일을 원하는 만큼만 하면서
평생 살 수 있는 '최고의 능력' 중 하나다.

"

by 오두환

기존 교육 방식이
아이의 두뇌를 망친다

2장 프롤로그

부모라면 누구나 아이가 학교에서 좋은 성적을 받고 좋은 대학에 가기를 바랍니다. 많은 가정에서 이것을 인생의 큰 목표로 삼고 온 힘을 기울입니다.

그런데 그 과정에서 우리는 한 가지를 종종 놓칩니다. 아이가 진짜 원하는 게 무엇인지, 어떤 재능을 지니고 있는지, 무엇을 하며 살아가고 싶은지를 깊이 고민하지 않는다는 점입니다. 결국 목표는 '좋은 성적'과 '좋은 대학'에 맞춰지고 나머지는 뒷전이 됩니다.

하지만 지금 우리가 사는 세상은 예전과 전혀 다릅니다. 변화의 속도는 상상을 초월하고 있습니다. 5차 산업혁명과 인공지능, 자동화, 빅데이터, 가상현실(VR), 로봇 같은 첨단 기술이 하루가 다르게 발전하면서 세상은 우리가 예측하기 어려운 방향으로 흘러가고 있습니다. 이런 미래에서는 지금처럼 암기나 주입식 위주의 교육이 더 이상 아무런 의미가 없을지도 모릅니다.

이미 많은 교육학자와 전문가들이 경고하고 있습니다. 한국의 교육은 여전히 수능과 입시에 맞춰 돌아가고 있고 그 결과 창의성이나 상상력, 문제 해결 능력처럼 미래 사회에서 반드시 필요한 역량이 제대로 길러지지 않고 있다는 것입니다.

주입식 교육의 문제점

하워드 가드너는 세계적으로 유명한 심리학자이자 하버드대학교(Harvard University) 교육학 교수로서 '다중지능 이론'을 통해 널리 알려져 있습니다. 가드너의 다중지능 이론은 인간이 가진 다양한 종류의 지능을 강조합니다. 그는 인간의 지능을 언어나 수학적 능력만으로 평가하는 기존의 한정된 기준에 의문을 제기하며, 모든 사람은 서로 다른 형태의 지능을 가지고 있다고 주장했습니다. 그가 제시한 다중지능의 유형은 다음과 같습니다.

• **언어 지능**(Linguistic Intelligence)

- **논리수학 지능**(Logical-Mathematical Intelligence)

- **공간 지능**(Spatial Intelligence)

- **음악 지능**(Musical Intelligence)

- **신체운동 지능**(Bodily-Kinesthetic Intelligence)

- **대인관계 지능**(Interpersonal Intelligence)

- **자기이해 지능**(Intrapersonal Intelligence)

- **자연친화 지능**(Naturalist Intelligence)

가드너 교수는 이 여덟 가지 지능이 서로 독립적이며, 모든 사람이 각 지능에서 서로 다른 강점과 약점을 지닌다고 말했습니다. 그는 학교가 모든 아이를 같은 방식으로 평가하고 같은 기준으로 경쟁시키는 것이 얼마나 부당한 일인지 강조했습니다.

이후 그는 이 이론을 확장해 제9의 지능이라 불리는 '실존적 지능(Existential Intelligence)'의 존재를 제시했습니다. 이는 인간의 삶과 죽음, 존재의 의미, 신의 존재, 우주의 본질 등 보다 깊은 철학적이고 영적인 질문을 던지고 탐구하는 능력을 뜻합니다. 일부 학자들은 이를 독립된 지능으로 받아들이는 데 신중했지만, 많은 교육자는 이 지능이 특히 청소년기 이후에 매우 중요한 인지적, 정서적 자원이라는 점에 공감하고 있습니다.

그러나 한국의 주입식 교육은 여전히 언어 지능과 논리수학 지능에 집중되어 있습니다. 시험에서 성적을 올리려면 국어, 영어, 수학과 같은 과목에만 집중해야 하고 다른 능력은 평가받지 못하거나 중요하지 않은 것으로 여겨집니다. 이런 교육은 아이들의 잠재력을 제한하고 다양한 재능과 창의성을 억누릅니다. 아이들은 자신이 어떤 재능을 지니고 있는지 발견할 기회를 얻지 못한 채 그저 정해진 과목과 답을 암기하는 일에만 매달리게 됩니다.

가드너 교수 역시 여러 강연과 저서를 통해 한국의 교육이 다양한 재능을 가진 학생들을 억압하고 있으며, 아이들이 자신의 진정한 능력을 발견할 기회를 빼앗기고 있다고 여러 차례 지적했습니다.

제가 이사장이자 교장으로 있는 국제혁신영재사관학교(초중고 통합형 대안학교) 같은 기독교적 세계관을 바탕으로 한 교육기관에서는 이 실존적 지능이 더욱 큰 의미를 가집니다. 단순한 철학적 사고에 머무르지 않고 삶의 목적을 찾고 신앙의 뿌리를 고민하며, 내면의 가치와 달란트를 찾아 실천하는 '영성 지능(Spiritual Intelligence)'으로 이어지기 때문입니다. 이는 머리로 이해하는 지능을 넘어 삶을 살아내는 지혜입니다.

학생 스스로 "나는 왜 이 세상에 태어났는가?", "내게 어떤 사명이 주어졌는가?"와 같은 근본적 질문을 던지고 답을 찾아가는 과정은 곧 실존적·영성 지능이 깨어나는 때입니다. 종교를 떠나서 학교 안에는 기도굴(골방)을 마련해두었고, 아이들이 그곳에서 홀로 깊이 고민할 수 있는 수업까지 고안하여 실행하고 있습니다.

몰입의 힘

미하이 칙센트미하이는 '몰입' 이론의 창시자이며 세계적으로 인정받는 심리학자입니다. 그의 몰입 이론에 따르면 사람이 가장 큰 성취와 행복을 느낄 때는 바로 자신이 좋아하는 일에 몰입할 때입니다. 몰입 상태에 빠지면 시간과 공간을 잊을 만큼 집중하게 되고 그 안에서 깊은 만족과 기쁨을 경험합니다. 칙센트미하이는 이런 몰입의 경험이야말로 진정한 배움과 성장을 가능하게 한다고 강조했습니다.

하지만 지금의 한국 교육 현실에서는 학생들이 자신이 좋아하는 분야를 찾고, 몰입할 기회를 얻기는 어렵습니다. 모든 학생이 같은 교과목을 같은 방식으로 배우고 시험을 치르기 때문에 자신이 흥미를 느끼는 분야에 깊이 빠져들 기회를 얻기 힘듭니다. 칙센트미하이는 한국의 교육 시스템이 학생들의 진정한 몰입을 가로막고 있으며, 이것이 결국 성장과 발전을 제한한다고 지적했습니다. 아이들이 스스로 관심과 흥미를 느끼는 분야를 찾고, 그것을 깊이 탐구할 때 비로소 진정한 성장이 일어난다고 말했습니다.

아이들이 자신의 관심사와 재능을 발견하고 이를 몰입 상태에서 깊이 탐구할 수 있도록 돕는 것, 그것이 교육의 본질입니다. 그렇게 할 때 아이들은 더 행복하고 성공적인 삶을 살아갈 수 있습니다.

"수능은 망국적 현상이다"

한국의 수능 중심 교육은 세계적인 석학들에게도 이미 큰 우려와 비판의 대상이 되고 있습니다. 포스텍(POSTECH, 포항공과대학교)의 제5대 총장인 백성기 교수는 "수능은 망국적 현상이다"라고 말하며, 수능 중심의 획일화된 교육이 한국 교육의 가장 큰 문제라고 지적했습니다. 그는 학생들이 자신의 흥미나 재능과 무관하게 오직 대학 진학만을 목표로 하는 한국 교육 시스템이 궁극적으로 국가 경쟁력을 약화시키고 있다고 지적했습니다.

한국사학진흥재단(사립대학의 지원을 총괄하는 기관) 이사장이자 동양대학교의 제9대 총장을 지낸 이하운 교수 역시 "수능이 한국을 망치고 있다"라며 수능 중심의 교육이 창의력과 자기 주도적 학습 능력을 저해한다고 경고했습니다. 수능이라는 단 하나의 시험에만 집중하도록 만드

는 교육 구조가 학생들에게서 다양성과 창의성을 발휘할 기회를 빼앗고, 결국에는 글로벌 경쟁력까지 약화시키고 있다는 것입니다.

제가 분과 총괄 위원장으로 활동하는 '한국노벨과학포럼'을 유튜브에서 검색하시면 '지식포털' 채널의 영상을 통해 더 자세한 내용을 확인하실 수 있습니다. 또는 제가 진행한 '금융과 경제' 수업 영상이 올라간 '국제혁신영재사관학교' 유튜브 채널에서도 확인하실 수 있습니다.

수능 중심의 교육 시스템은 단기적인 목표 달성에는 효과적일지 몰라도, 장기적으로 보면 학생들이 창의력, 문제 해결 능력, 자기 주도성, 협력 능력 같은 미래에 필수적인 역량을 갖추지 못하게 만듭니다. 따라서 장기적으로 한국 사회의 발전을 위해서는 교육 시스템 전반에서 근본적인 변화가 필요합니다.

학교 밖에서 아이의 진정한 재능을 발견하다

현재의 주입식 교육에서 벗어나 아이들이 학교 밖에서 다양한 경험을 통해 자신의 재능과 흥미를 발견하고 발전시킬 기회를 마련하는 것이 무엇보다 중요합니다. 아이들이 직접 현장에 나가 다양한 활동과 체험을 하면서 자신의 흥미와 적성을 발견하는 것이 진짜 교육의 핵심입니다.

많은 교육 선진국은 아이들이 학교 밖에서 다양한 경험을 하고 스스로 관심사를 찾아가도록 적극적으로 지원하고 있습니다. 예를 들어 북유럽 나라들은 창의성과 자기 주도성을 중시하며 아이들이 자유롭게 질문하고 탐구할 수 있는 환경을 만듭니다. 학생들은 시험 점수를 위한 학습이 아니라 자신의 관심 분야를 깊이 탐구하며, 그 과정에서 배움의 즐거움을 느낍니다.

하버드대학교보다 합격률이 낮아 세계적으로 주목받는 미국의 미네르바대학교(Minerva University)는 2022년과 2023년에 세계혁신대학랭킹(WURI)에서 1위에 선정되었습니다. 이 대학교 역시 철저한 현장 중심의 프로젝트 기반 교육을 통해 학생들이 스스로 생각하고 문제를 해결하는 능력을 기르도록 합니다. 교실에서 단순히 지식을 배우는 것이 아니라 토론과 실제 현장에서 다양한 문제를 직접 해결하고, 그 과정에서 실제적인 성과를 이루며 성장합니다.

아이들이 학교 밖에서 다양한 경험을 통해 자신만의 재능과 강점을 발견하도록 돕는 것이 미래 교육의 길입니다. 학교 밖 경험은 아이들이 세상과 직접 소통하고 자신만의 이야기를 만들어가는 과정에서 창의적이고 주도적인 인재로 자라도록 이끌어줍니다.

평범한 교육이 아닌 특별한 교육이 필요하다

이제 우리가 선택해야 할 것은 평범한 교육이 아니라 아이들의 다양성과 창의성을 존중하는 특별한 교육입니다. 세상은 빠르게 변하고 있고, 과거처럼 암기식이나 주입식 교육으로는 더 이상 아이들이 미래를 준비할 수 없습니다.

이 책은 그런 새로운 시대를 대비해 아이들이 스스로 길을 찾을 수

있도록 현실적이고 실천 가능한 방법을 제시합니다. 평범한 교육 방식
에서 벗어나 아이들이 자신의 재능과 흥미를 발견하고 키워갈 수 있도
록 돕는 것이 이 책의 목표입니다.

하버드대 심리학 교수,
하워드 가드너가 경고한
한국의 주입식 교육의 위험성

세계적인 교육학자 하워드 가드너는 '다중지능 이론'의 창시자로 유명합니다. 하버드대학교 교육학 교수로서 그는 수십 년 동안 연구·강연·저서를 통해 인간이 가진 다양한 능력을 분석하고, 인간의 잠재력이 얼마나 폭넓고 다양하게 존재하는지 제시했습니다. 그의 연구와 이론을 통해 본 한국의 교육 현실은 매우 심각한 상황에 놓여 있습니다.

이번 편에서는 가드너의 다중지능 이론을 바탕으로 한국 교육 시스템의 문제와 위험을 더 깊게 들여다보고자 합니다. 특히 한국의 주입식 교육이 아이들의 가능성과 창의성을 어떻게 훼손하고 있는지에 대해 집중적으로 다룰 것입니다. 앞서 다룬 개괄적인 설명과 중복되지 않도록 더 구체적이고 실증적인 사례로 이야기를 풀어가겠습니다.

다중지능 이론이란 무엇인가?

하워드 가드너는 1983년 저서 《Frames of Mind(마음의 틀)》에서 처음으로 '다중지능 이론(Multiple Intelligences Theory)'을 제시했습니다. 이 이론은 인간이 가진 지능을 단순히 IQ나 언어, 수학 능력 같은 전통적 기준으로만 평가해서는 안 된다고 주장했습니다. 가드너는 인간의 지능을 다음 아홉 가지 유형으로 나누어 정의했습니다.

- **언어 지능**

  말하기, 쓰기, 읽기 등 언어로 표현하는 능력입니다. 언어 지능이 뛰어난 사람은 작가, 언론인, 연설가로 성장할 가능성이 큽니다.

- **논리수학 지능**

  논리적으로 사고하고 수학적 문제를 풀어내는 능력입니다. 과학자, 수학자, 프로그래머 등이 이 지능을 주로 사용합니다.

- **공간 지능**

  공간을 인식하고 시각적으로 표현하는 능력입니다. 건축가, 디자이너, 예술가들이 주로 발휘합니다.

• 음악 지능

음악을 이해하고 표현하는 능력입니다. 음악가, 작곡가, 지휘자 등이 이 지능을 잘 드러냅니다.

• 신체운동 지능

몸을 이용해 문제를 해결하거나 감정을 표현하는 능력입니다. 운동선수, 무용가, 연기자 등이 이 지능을 사용합니다.

• 대인관계 지능

타인의 감정과 의도를 이해하고 공감하는 능력입니다. 정치인, 상담가, 사회 운동가들이 이 지능을 적극 활용합니다.

• 자기이해 지능

자신을 깊이 이해하고 성찰하는 능력입니다. 심리학자, 철학자, 작가들이 자주 활용합니다.

• 자연친화 지능

자연환경을 관찰하고 이해하는 능력입니다. 생태학자, 농업 전문가, 환경보호 운동가 등에게 자주 나타납니다.

- 실존적 지능

  인간의 삶과 죽음, 존재의 의미, 신의 존재, 우주의 본질 같은 철학적이고 영적인 질문을 던지고 탐구하는 지능입니다.

가드너 교수는 이 아홉 가지 지능이 서로 독립적이며, 모든 사람은 각각의 지능에서 서로 다른 강점과 약점을 가진다고 설명했습니다. 그는 학교가 모든 아이를 같은 방식으로 평가하고 같은 기준으로 경쟁시키는 것은 부당하다고 강조했습니다.

한국의 교육 시스템이 놓치고 있는 다중지능의 중요성

한국의 교육 시스템은 주로 언어 지능과 논리수학 지능, 두 가지에만 치우쳐 있습니다. 그 결과 아이들은 언어와 수학 능력만을 중요하게 생각하고, 다른 지능은 그다지 가치 없는 것으로 간주하게 됩니다. 예를 들어 음악이나 체육을 잘하는 아이들은 학교 시스템 안에서 상대적으로 소외되거나 평가 절하되기 쉽습니다.

다양한 능력을 가진 아이들이 획일화된 교육 방식 안에서 제대로 인정받지 못하는 현실은 아이들의 자존감과 자기 이해 능력을 떨어뜨립니다. 아이들이 자신을 제대로 이해하지 못한 채 단순히 좋은 성적만을 좇는 것은 아이들을 진정한 행복과 성공에서 멀어지게 만듭니다.

가드너 교수는 여러 강연과 인터뷰에서 한국을 방문했을 때 접한 주입식 교육 현실이 매우 우려스럽다고 표현한 바 있습니다. 그는 한국 학생들이 자신만의 독특한 능력과 재능을 발견하고 발휘할 기회를 학교에서 거의 얻지 못하는 현실에 강한 우려를 표했습니다. 그는 모든 아이가 자신만의 독특한 재능과 가능성을 가지고 있다고 말합니다. 그러나 현실에서는 학교 시스템이 모든 아이를 하나의 틀에 맞추어 평가하기 때문에 많은 아이가 자신이 가진 특별한 능력을 발견할 기회를 얻지 못하고 오히려 자신감을 잃습니다.

예를 들어 음악이나 미술적 재능이 뛰어난 아이가 수학 성적이 낮다는 이유로 학교에서 무시당하거나 부모와 교사에게 부정적인 평가를 받는다면, 그 아이는 자신의 재능을 충분히 발휘하지 못하게 됩니다. 결국 아이는 자신이 가진 특별한 능력을 인정받지 못한 채 자신을 가치 없는 존재로 느낄 수 있습니다.

가드너 교수는 이런 획일화된 교육 시스템이 아이들의 창의성과 잠재력을 심각하게 해치고 있다고 경고했습니다. 그는 아이들이 각자의 능력을 충분히 인정받고 발휘할 수 있는 교육 환경을 만들어야 한다고 강조했습니다.

학교에서 사라지는 창의력과 상상력

한국 교육은 전형적인 암기식, 주입식 교육을 통해 학생들에게 지식을 전달합니다. 학생들은 시험에서 좋은 점수를 얻기 위해 교과서를 외우고, 학원에서 문제 풀이 기술을 배웁니다. 이런 방식의 교육은 단기적으로는 좋은 성적을 얻을 수 있지만, 장기적으로는 아이들의 창의력과 상상력을 파괴하는 결과를 초래합니다.

실제 국제학업성취도평가(PISA)와 같은 국제 평가에서 한국 학생들은 수학과 과학 과목에서 높은 성적을 기록하지만 창의력, 문제 해결 능력, 비판적 사고력에서는 매우 낮은 점수를 받고 있습니다. 이것은 한국 학생들이 새로운 문제를 마주했을 때 독창적으로 문제를 해결할 수 있는 능력이 부족하다는 사실을 보여줍니다.

미래 사회에서는 기존에 경험하지 못한 문제와 도전에 끊임없이 부딪힐 것입니다. 그런 상황에서 창의력과 상상력이 부족한 사람들은 새로운 환경에 적응하기 어렵습니다. 결국 주입식 교육을 받은 학생들은 미래 사회에서 제대로 된 경쟁력을 갖추기 힘듭니다.

다중지능을 활용한 교육의 필요성

미국을 비롯한 많은 교육 선진국에서는 이미 다중지능 이론을 기반으로 학생들이 다양한 지능을 발견하고 발휘할 수 있는 교육 시스템을 구축하고 있습니다. 예를 들어 핀란드와 스웨덴 같은 북유럽 국가들은 학생들이 학교에서 다양한 활동과 탐구를 하며 흥미와 재능을 찾을 수 있도록 적극적으로 지원합니다.

이러한 교육을 받는 학생들은 자신만의 강점을 발견하고 자신감을 얻으며 자신의 미래를 스스로 설계할 수 있습니다. 학교가 학생들을 위한 다양한 경험과 탐구 기회를 제공하면 학생들은 자신이 가지고 있는 지능과 재능을 충분히 발휘하며 성장할 수 있습니다.

이제 한국도 다중지능 이론을 교육 현장에 적극적으로 도입해 학생들이 자신만의 능력과 재능을 발견할 기회를 넓혀야 합니다. 그래야 아이들이 자신만의 특별한 능력을 충분히 인정받고, 사회에서도 당당히 인정받을 수 있는 환경이 만들어집니다.

"

자신만의 강점 지능을 찾아내는 것은

보물 상자 자물쇠의 비밀번호를 푸는 것!

"

by 오두환

《몰입》의 저자 미하이 칙센트미하이 교수가 말하는 '진짜 교육'

우리는 흔히 '공부를 잘한다'는 의미를 시험에서 높은 성적을 받는 것으로 생각합니다. 하지만 공부의 본질이 과연 시험 점수를 높이는 데 있을까요? 미하이 칙센트미하이 교수는 오랜 연구 끝에 진짜 공부의 목적은 '몰입'을 경험하고 그 안에서 삶의 의미와 행복을 찾는 것이라고 말합니다.

칙센트미하이 교수는 심리학 분야에서 세계적인 석학으로 인정받으며, 특히 인간이 최적의 경험을 할 때 나타나는 심리적 상태인 '몰입'이라는 개념을 제시하고 널리 알렸습니다. 그는 몰입 상태에 빠진 사람들의 두뇌가 가장 활발히 작동하며 이때 비로소 진정한 행복과 성취감을 느낀다고 강조합니다.

이번 편에서는 그의 몰입 이론을 바탕으로 오늘의 한국 교육에서 아이들이 왜 몰입을 경험하기 어려운지 살펴봅니다. 또 어떻게 하면 아이들이 진정한 몰입을 경험하도록 도울 수 있는지도 심도 있게 다뤄보고자 합니다.

'몰입(Flow)'이란 무엇인가?

칙센트미하이 교수는 몰입을 '자신이 좋아하고 잘할 수 있는 일에 완전히 집중해 시간과 공간의 감각이 사라지고, 그 순간을 온전히 즐기는 상태'라고 정의합니다. 몰입 상태에 빠진 사람은 주변 상황을 잊고 자신이 하는 일에 온전히 빠져들며, 그 일 자체에서 큰 만족과 행복을 경험합니다.

그는 수십 년 동안 여러 분야에서 뛰어난 성과를 거둔 사람들을 연구하며, 성공적이고 행복한 이들의 공통점이 바로 몰입을 자주 경험한다는 사실을 밝혔습니다. 몰입 상태에서는 높은 수준의 집중력, 창의력, 문제 해결 능력이 극대화됩니다. 실제로 몰입 상태에서 뇌는 도파민 같은 신경전달물질을 분비해 기쁨과 만족감을 주고, 집중력과 창의력은 물론 학습 효과까지 크게 높여줍니다.

이런 몰입 경험이 반복되면 사람은 삶의 의미를 깊이 느끼고 자신의 능력을 믿으며 성장할 수 있습니다. 칙센트미하이 교수는 몰입이야말로 인간이 행복과 성취감을 느끼는 가장 이상적인 심리적 상태라고 말하며, 학교와 가정에서 아이들이 이 경험을 하도록 적극적으로 도와줘야 한다고 강조했습니다. 특히 학생 때 습관화해야 하므로 절대 골든 타임을 놓치면 안 됩니다. 저 역시 초등학교 시절에 수천 권의 책을 초몰입해 읽었고, 중학교 2학년 때는 책을 직접 쓸 정도로 몰입이 습관화되었습니다. 덕분에 지금도 모든 업무에서 습관처럼 몰입하곤 합니다.

왜 한국의 아이들은 몰입하지 못하는가?

그런데 한국의 교육 현실을 보면 아이들이 진정한 몰입을 경험하기 어려운 환경에 놓여 있습니다. 학생들은 매일 수많은 시험과 평가에 쫓기며 진정한 흥미와 관심사를 발견하거나 자신이 원하는 일에 몰두할 기회를 거의 얻지 못합니다.

수많은 학생이 학원과 학교를 오가며 하루의 대부분을 보내지만 그 시간 동안 아이들이 진정으로 몰입해서 즐거움을 느끼는 순간은 얼마나 될까요? 아마도 극히 드물 것입니다. 시험 성적과 입시 경쟁이 모든 것을 좌우하는 현실 속에서 학생들은 그저 기계처럼 공부할 뿐, 자신이 진정 원하는 일을 하며 몰입을 경험하지 못합니다.

칙센트미하이는 자신의 저서 《몰입》에서 이런 환경이 인간의 행복과 성장을 저해한다고 경고했습니다. 그는 사람이 성장하고 발전하려면 스스로 관심 있는 분야를 찾고, 그 분야에 완전히 몰입해 의미 있는 성과를 경험하는 과정이 필수라고 강조했습니다.

그런데 한국의 교육 현실은 아이들이 스스로 흥미를 느끼는 분야를 발견하는 것을 방해하고, 오직 성적과 시험 점수에만 초점을 맞추고 있습니다. 결국 아이들은 자신이 무엇을 좋아하고 무엇을 원하는지 알 기회조차 얻지 못한 채 성장하게 됩니다.

몰입을 경험하는 교육의 진정한 가치

아이들이 몰입을 경험하는 교육은 단순히 좋은 성적을 얻기 위한 수단이 아닙니다. 몰입을 경험하는 교육의 진정한 가치는 아이들이 자신의 삶에서 의미와 행복을 찾고 스스로 성장하고 발전하는 능력을 갖추도록 돕는 것입니다.

몰입하는 아이는 억지로 공부하는 것이 아니라 스스로 즐기면서 적극적으로 배움에 참여합니다. 몰입을 경험한 아이들은 높은 수준의 자기 효능감과 자존감을 느끼고, 이런 경험이 반복되면서 학습에 대한 긍정적인 태도와 자신감을 키워갑니다.

또한 몰입을 경험한 아이는 학교와 공부에서 스트레스를 느끼기보다 학습 과정 자체에서 큰 즐거움과 만족을 얻습니다. 이는 평생 학습을 이어갈 수 있는 동기를 주며 사회에 나가서도 자기 주도적인 삶을 살아가도록 이끄는 중요한 밑거름이 됩니다. 그렇다면 아이들이 학교에서 몰입 상태를 경험하도록 하려면 어떻게 해야 할까요?

어떻게 하면 아이들이 몰입을 경험할 수 있는가?

칙센트미하이는 아이들이 몰입을 경험하도록 돕기 위해 다음과 같은 방법을 제안합니다.

첫째, 아이들이 스스로 관심을 가지고 흥미를 느끼는 주제를 선택하게 하세요.
자신의 흥미와 관심사를 따라 선택한 주제는 몰입 상태로 들어가는 데 훨씬 유리합니다. 아이들의 관심 분야를 존중하고 자유롭게 탐구할 기회를 주는 것이 중요합니다.

둘째, 아이들이 적당한 난이도의 과제에 도전하게 하세요.
너무 쉬운 과제는 지루하고 너무 어려운 과제는 스트레스를 줍니다. 적절한 난이도의 과제는 아이들이 집중하고 몰입하기에 가장 이상적인 조건을 만들어줍니다.

셋째, 아이들이 결과뿐 아니라 과정에서 의미를 찾을 수

있도록 도와주세요.

몰입은 결과보다 과정에 중점을 둡니다. 아이들이 과정 자체를 즐기고 그 속에서 성장을 경험할 수 있도록 격려해야 합니다.

넷째, 아이들이 자유롭게 실수하고 실패할 수 있도록 허용하세요.

몰입 상태에서 사람들은 실수와 실패를 두려워하지 않고 오히려 그것을 성장의 기회로 인식합니다. 실패를 부정적인 경험이 아닌 긍정적이고 필요한 학습 과정으로 이해하도록 도와주는 것이 필요합니다.

몰입을 경험한 아이들이 결국 성공한다

수많은 연구가 몰입을 경험한 사람들이 학문적 성취뿐 아니라 인생 전반에서 높은 수준의 행복과 성공을 누린다는 사실을 보여줍니다. 아이들이 어릴 때부터 몰입을 경험하면 학습과 일에 대한 긍정적인 태도를 형성하게 되고 이것이 결국 장기적인 성공으로 이어집니다.

몰입 경험을 통해 아이들은 자발적으로 학습하고 성장할 수 있는 능력을 키웁니다. 아이들이 스스로 배우고 성장하는 능력을 갖추게 되면 변화하는 세상에서 자신만의 길을 찾아 결국 성공을 이뤄낼 수 있습니다.

이러한 몰입 교육을 실제 학교에서 실현하기 위해 우리 학교는 별도의 '몰입방'을 마련할 정도로 이를 중요시하고 있습니다. 또 몰입 효과를 극대화하기 위해 일반 학교처럼 종을 울리지 않습니다. 몰입은 간단히 시작되지 않으며 충분한 준비와 시간이 필요하기 때문입니다. 마치 물이 100도가 되어야 끓기 시작하는 것처럼 몰입 또한 깊은 집중 상태인 '무아지경'에 이를 때까지 기다려줘야 합니다. 물이 끓기 직전인 100도에 도달하기 전에 불을 꺼버린다면 다시 끓이기 어려운 것처럼, 학교에서 40~50분마다 종을 울려 몰입을 깨면 아이들의 두뇌는 몰입을 이어가지 못합니다. 이는 곧 몰입하지 못하는 뇌를 훈련하는 것과 같습니다.

사회에 나가 일하면서 일정 시간마다 쉬는 경우를 본 적이 있나요? 그런 사람들은 집중력과 몰입력이 떨어져 다른 이들보다 성과를 내기 어렵습니다. 우리가 진정으로 집중할 때는 3~4시간도 충분히 몰입할 수 있습니다. 따라서 학생들이 몰입을 제대로 경험하도록 교육 환경과 시스템 자체를 새롭게 설계해야 합니다. 이 부분은 5장에서 다룰 '7단계 교육법'에서 더 자세히 살펴보겠습니다.

몰입은 단순히 성적을 올리는 수단이 아닙니다. 아이들이 원하는 삶을 주도적으로 살아갈 수 있는 능력을 키우기 위한 가장 중요한 교육적 경험입니다. 이제 우리가 마련해야 할 교육은 기존의 암기식, 주입식 교육이 아니라, 아이들이 관심사를 발견하고 몰입을 경험하도록 돕는 진짜 교육이어야 합니다.

칙센트미하이가 강조한 몰입 이론은 앞으로 교육을 이끌 핵심적 원칙입니다. 우리 아이들이 몰입을 경험하고 행복한 삶을 살 수 있도록 부모와 교사의 인식과 교육 방식이 바뀌어야 합니다. 몰입을 경험한 아이가 결국 성공적인 인재로 성장합니다. 평범한 교육을 넘어 특별한 교육을 지향하는 것, 그것이 아이들의 미래를 위해 우리가 반드시 선택해야 할 길입니다.

“

몰입의 기술을 사용할 수 없는 사람은
휴대폰을 사용할 수 없는 사람처럼
모든 일이 힘들고 매우 불편해진다.

”

by 오두환

세계적 석학들의 경고, 충격 선언
"수능은 망국적 현상이다"

우리는 수능이라는 단 하나의 시험을 위해 아이들의 모든 것을 걸고 있습니다. 대학수학능력시험, 흔히 '수능'이라 불리는 이 시험은 한국에서 대학 입학은 물론 사회적 성공 여부까지 좌우하는 가장 큰 기준이 되어왔습니다. 그러나 이제 세계적인 석학들이 한국의 수능 중심 교육 방식에 대해 매우 심각한 우려를 드러내고 있습니다.

포스텍 제5대 총장이자 현 한국노벨과학포럼 이사장인 백성기 교수는 '수능은 망국적 현상'이라며 한국 교육의 근본적인 문제를 지적했습니다. 또한 동양대학교의 제9대 총장으로 한국사학진흥재단 이사장인 이하운 교수 역시 '수능이 한국 교육을 망치고 있다'라는 충격적인 표현으로 한국 교육 현실에 대해 심각한 경고를 보냈습니다.

이들의 우려와 비판은 결코 과장된 것이 아닙니다. 세계적인 석학들이 경고하는 수능 중심 교육 방식의 문제와 한계를 이번 편에서 명확히 분석하고, 더 이상 우리가 이 교육 방식을 고집할 수 없는 이유를 살펴보겠습니다.

수능의 탄생과 한국 교육의 비극

대한민국에서 수능은 1994년에 처음 도입되었습니다. 당시만 해도 수능은 암기식 학습에서 벗어나 창의력과 종합적 사고 능력을 평가하자는 취지에서 시작되었습니다. 그러나 시간이 흐르면서 수능은 본래 의도와 달리 점점 암기와 주입식 교육으로 변질되었습니다.

수능을 준비하기 위해 학교는 철저히 수능 문제 풀이에 집중하고, 학원에서는 수능에서 높은 점수를 받기 위한 기술적 요령을 가르치는 데 열을 올렸습니다. 그 결과 학생들은 시험 점수로만 평가받으며 자신의 고유한 능력과 관심사는 점점 무시당하게 되었습니다. 이에 대해 한국노벨과학포럼 이사장인 백성기 교수는 이렇게 지적합니다.

"수능은 근본적으로 학생들의 창의성과 비판적 사고력을 죽이고 있습니다. 시험 성적이라는 한 가지 잣대로 학생들을 평가하면서 아이들은 자신이 진정 원하는 것을 발견하지 못한 채 암기와 주입에만 매달립니다. 이런 방식으로는 결코 세계적으로 경쟁력 있는 창의적 인재를 길러낼 수 없습니다."

이제는 암기력에만 의존하고 그에 치중하는 교육으로는 창의와 융합, AI가 중심이 되는 사회에서 살아남기 어렵습니다. 오히려 위험하게도 생각하지 않는 훈련을 초·중·고 10년 넘게 반복하며 스스로 생각하는 뇌를 단순히 외워버리는 뇌로 점점 퇴화시키고 있습니다.

수능이 창의성과 다양성을 억누르는 이유

수능 중심의 교육은 아이들의 창의성과 다양성을 철저히 억누릅니다. 시험에서 좋은 점수를 얻기 위해 학생들은 정답이 정해진 문제를 암기하고 반복적으로 푸는 데 시간을 쏟습니다. 그러다 보니 자신이 궁금해하거나 흥미를 느끼는 주제를 깊이 탐구하고 창의적으로 사고할 기회는 거의 사라집니다.

교육학자 하워드 가드너 역시 한국의 수능 교육 방식에 대해 우려를 표했습니다. 그는 "한국의 수능 중심 교육은 학생들의 창의력과 잠재력을 심각하게 제한하고 있다"며 한국 교육이 자신이 제안한 다중지능 이론의 정신과 정반대로 가고 있다고 경고했습니다.

심리학자 미하이 칙센트미하이 교수도 수능 중심 교육을 강하게 비판했습니다. 그는 "암기와 시험 준비에만 집중하는 한국의 교육은 학생들이 진정한 몰입을 경험하지 못하게 만든다"고 지적했습니다. 몰입을 통해 키울 수 있는 창의성과 문제 해결 능력이 수능 위주의 교육에서는 사라질 수밖에 없다는 것입니다.

이런 현실에서 한국 학생들이 글로벌 경쟁력을 갖추고 세계 무대에서 활약하기란 거의 불가능합니다. 창의성과 문제 해결 능력이 점점 더 중요한 시대에 수능 중심 교육은 오히려 국가 경쟁력을 떨어뜨리는 위험한 요인이 되고 있습니다.

해외 교육 사례로 본 수능의 한계

해외 교육 선진국들은 수능처럼 획일화된 시험이 아니라 다양한 평가 방식을 통해 학생들의 능력과 재능을 종합적으로 살펴봅니다. 대표적인 예로 핀란드와 스웨덴 같은 북유럽 국가들은 학생들의 창의력, 협업 능력, 문제 해결 능력을 중요시하며 다양한 형태의 평가 방식을 채택하고 있습니다.

핀란드에서는 한 번의 시험으로 성적을 매기지 않습니다. 수업 속 토론과 프로젝트, 발표 등을 통해 종합적인 평가가 이루어집니다. 그래서 학생들은 점수보다 학습 과정 자체에서 의미를 찾고 자발적으로 학습에 참여할 수 있게 됩니다. 그 결과 핀란드 학생들은 높은 창의성과 행복도를 유지하며 국제 평가에서도 뛰어난 성과를 보여주고 있습니다.

미국의 미네르바대학교도 기존의 표준화된 시험과 입학 방식을 완전히 벗어났습니다. 학생들이 전 세계 주요 도시를 옮겨 다니며 현장에서 문제를 해결하고 프로젝트를 수행하는 방식으로 배우기 때문입니다. 이를 통해 학생들은 실제 사회에서 문제를 해결하고 성과를 낼 수 있는 실무적이고 창의적인 능력을 기릅니다.

이처럼 해외 교육 선진국의 사례를 보면 한국의 수능 중심 교육은 시대에 뒤처져 있으며 학생들의 다양한 능력과 창의성을 제대로 평가하지 못한다는 사실이 분명히 드러납니다.

수능을 넘어서는 교육의 길

그렇다면 한국 교육이 수능 중심에서 벗어나 진정으로 아이들을 위한 교육으로 나아가려면 무엇을 바꿔야 할까요?

먼저 학생들이 다양한 능력을 인정받을 수 있도록 다양한 평가 방식을 도입해야 합니다. 단순히 암기와 시험 점수가 아니라 프로젝트, 발표, 토론, 현장 체험을 통해 자신만의 재능과 강점을 발견하고 인정받을 수 있어야 합니다.

또한 아이들이 스스로 흥미와 관심을 탐구할 수 있는 환경을 마련해야 합니다. 관심사를 찾고 몰입할 수 있도록 돕는 것이 무엇보다 중요합니다. 학교는 획일적인 수업 대신 다양한 선택권과 탐구 기회를 제공해야 합니다.

무엇보다 부모와 교사들은 아이들의 개성과 다양성을 존중해야 합니다. 성적이나 시험 점수만이 아니라 각자가 가진 독특한 재능을 충분히 인정하고 격려하는 태도가 필요합니다.

현장에서의 실질적인 경험도 중요합니다. 단순히 회사 이름이나 직무만 아는 것이 아니라 현장에서 일어나는 여러 가지 실제 경험을 접해야 하기 때문입니다. 제가 운영하는 여러 회사에도 세 곳의 고등학교가 10년 넘게 취업 연계와 도제 교육을 위해 학생들을 보내고 있습니다. 그곳에서 학생들은 다양한 실무를 경험해보고 스스로 진로를 결정합니다. 이런 변화가 가능해질 때 아이들은 자신의 고유한 능력을 발휘하며 진정한 의미의 성공과 행복을 경험할 수 있게 될 것입니다.

한국 교육이 가야 할 길은 분명합니다. 획일적인 수능 중심 평가로는 미래의 글로벌 경쟁력을 갖춘 인재를 길러낼 수 없습니다. 이제는 한국도 해외 교육 선진국처럼 학생들이 스스로 선택하고 배우며, 창의력과 협업 능력을 키울 수 있는 새로운 교육 방식을 도입해야 합니다. 아이들이 시험 성적만이 아니라 자신의 재능과 창의성을 마음껏 발휘하고, 몰입하며 성장할 수 있는 교육 환경을 만들어야 합니다. 이를 위해서 우리 모두의 인식 변화와 구체적인 실천이 필요합니다. 더는 미룰 수 없습니다. 한국 교육의 근본적인 변화를 위해 이제 학부모와 교육자들이 직접 나서야 할 때입니다.

"

모형 블록으로 '가짜' 빌딩을 짓는 것과

실제로 '진짜' 빌딩을 짓는 일은 전혀 다르다.

10년 동안 블록으로만 건축을 배운다면

결과는 '최악'이다.

"

by 오두환

한국인들의 비참한 노후, 압도적 1위
돈 버는 규칙이 바뀝니다!

10년 뒤, 20년 뒤 우리의 노후는 과연 안전할까요? 어른인 우리조차 미래가 불확실한데, 지금의 아이들이 30~40년 후 중년에 접어들었을 때는 어떨까요? 정년을 '끝'으로 배우고 자란 아이가 60세 이전에 은퇴하고, 이후 40~50년을 무의미하게 살아간다면 그 시간을 누가 책임질 수 있을까요?

여러 통계에서 한국의 60~90세 노인들이 정년 이후 비참한 여생을 보내고 있음을 보여줍니다. 단 하나의 숫자만 떠올려보세요. 하루 1시간씩만 좋아하는 일을 해도 1년에 365시간, 하루 8시간 노동으로 환산하면 약 9주입니다. 단 9주가 자녀의 평생을 바꿀 수 있습니다.

저는 현장에서 수많은 학부모를 만납니다. '아이에게 안정적인 직장을 준비시켜야 하지 않겠냐'고 묻는 목소리가 아직도 큽니다. 그러나 돈을 버는 규칙은 이미 조용히 바뀌었습니다. 기술이 급진적으로 발전하면서 한 직장에서 은퇴 시점인 60세까지 안정적으로 일하기도 어려워졌습니다.

행복하기 위해서는 평생 일해야 하는데 '일할 곳'은 점점 사라지고 있습니다. 이 변화의 진짜 충격은 자녀가 아니라 부모 세대가 먼저 맞이하고 있습니다. 더 오래 사는 만큼 더 오래 일해야 하는데, 정작 시장은 '노년의 일'을 제공할 준비가 되지 않았기 때문입니다. 60대 전후에 은퇴한 뒤 강제로 일자리를 잃은 어른들은 기존과 다른 일을 찾아야만 합니다. 돈이 있고 없고를 떠나서 대부분 평생 해왔던 일을 계속할 수 없기에 비참하고 절망적인 상황에 내몰립니다.

그렇다면 우리는 아이에게 무엇을 가르쳐야 할까요? 바로 아이가 좋아하고, 잘하고, 의미 있다고 느끼는 일을 삶의 중심에 세우는 법입니다. 돈이 되든 안 되든 스스로 계속하고 싶어서 은퇴가 필요 없는 일을 만드는 법입니다. 아이의 교육을 이야기하며 웬 노후 이야기냐고요? 교육은 결국 평생의 일을 만들어주는 과정이며, 그 일은 부모 세대의 뒷모습에서 시작되기 때문입니다. 아이들은 부모의 등을 보고 '일의 정의'를 배웁니다. 제가 집이나 학교에서 하루 종일, 밤낮으로 신나게 일하는 모습을 보고 아이들은 지치지 않고 즐겁게 일할 수 있다는 사실을 깨닫습니다.

왜 '좋아하는 일'이어야 오래 갈까요?

스스로 선택한 과제에서 동기가 솟는다는 사실은 교육심리학의 핵심입니다. 리차드 라이언(Richard Ryan)과 에드워드 데시(Edward Deci)의 '자기 결정성 이론(Self-Determination Theory)'은 자율성, 유능감, 관계성이 충족될 때 학습과 일이 자연스레 지속된다고 설명합니다. 아이가 좋아하는 일을 택하면 자율성이 확보되고, 작은 성과가 쌓이면 유능감이 살아납니다. 그 과정에서 사람과 연결되면 관계성도 채워집니다. 이 세 가지가 맞물릴 때 일은 취미를 넘어 평생 이어갈 수 있는 행복한 라이프워크가 됩니다.

> "어떤 활동이 우리에게 의미 있을 때, 그 활동을 오래 지속할 에너지를 얻습니다."
>
> - 리처드 라이언 & 에드워드 데시

'몰입' 연구로 유명한 미하이 칙센트미하이도 같은 맥락에서 말합니다. 실력이 과제와 적절히 만날 때 시간 감각이 사라지는 몰입이 일어나고, 그 경험이 다시 '에너지를 공급합니다. 좋아하는 일을 꾸준히 하려면 '의지'보다 '구조'가 중요합니다. 적합한 난이도, 즉각적 피드백, 자발적 목표. 이 세 가지가 마련되면 아이의 두뇌는 스스로 불이 켜집니다.

"몰입은 인생을 가장 풍요롭게 만드는 경험이며, 그 자체가 보상입니다."

- 미하이 칙센트미하이

'성장 마인드셋'을 제시한 캐럴 드웩은 여기에 한 가지를 더합니다. 바로 실패를 허용하는 태도입니다. "아직은 못하더라도, 곧 할 수 있습니다"라는 한마디가 아이의 뇌를 '닫힘'에서 '열림'으로 바꿔줍니다. 부모가 먼저 보여주면 아이는 배웁니다. 50대, 60대가 되어도 배우는 어른, 새 자격증을 따고 배운 것을 나누며 소규모 프로젝트로 수익을 만들어가는 어른, 이런 모습을 보고 자란 아이는 노후를 두려움이 아니라 설계의 대상으로 이해하게 됩니다.

돈을 버는 규칙: 월급에서 '흐름'으로

과거의 규칙은 단순했습니다. 월급을 받다가 연금으로 넘어가는 일직선의 흐름이 전부였습니다. 하지만 지금은 다릅니다. 여러 갈래의 소득 흐름(stream)을 만들어 서로 엮어야 합니다. 저는 아이들과 부모에게 이것을 세 가지로 설명합니다.

• **작업 소득**

시간을 써서 바로 받는 소득입니다. 주된 직업, 컨설팅, 단기 강의, 소규모 프로젝트, 프리랜서 일 등이 여기에 해당합니다.

• **자산 소득**

한번 만들어두면 계속 흘러 들어오는 소득입니다. 전자책·강의 패키지·템플릿 같은 디지털 자료, 앱, 배당·이자, 금융 투자에서 나옵니다.

• **평판 소득**

이름에서 발생하는 기회입니다. 책 한 권, 강연 영상, 방송 출연 같은 전문 콘텐츠가 새로운 협업과 의뢰로 이어집니다.

이 세 가지 흐름은 좋아하는 일을 중심으로 엮을 때 가장 튼튼해집니다. 억지로 붙들면 지치지만, 좋아하는 일은 배움과 생산이 자연스럽게 이어집니다. 제롬 브루너(Jerome Bruner)는 인간이 서사를 통해 배운다고 했습니다. '내가 왜 이 일을 하는지'에 대한 이야기가 뚜렷할수록 평판 소득은 오래갑니다.

존 해티(John Hattie)의 '가시적 학습'은 명확한 목표와 즉각적 피드백이 성장을 이끈다고 말합니다. 매주 작은 생산물을 세상에 내놓고 피드백을 받아보십시오. 그 자체가 은퇴 없는 소득 설계입니다. 아이들에게 주입식으로 가르치기만 할 것이 아니라, 생산물이 꾸준히 나올 수 있도록 학습을 이끌어야 합니다.

'은퇴 없는 일'로 전환한 사람들

아이들에게 꼭 들려주고 싶은 이야기들이 있습니다.

58세 인쇄소 기술자는 손기술을 살려 목공 채널을 열었습니다. 주 2편의 짧은 영상, 한 달에 한 번 작은 오프라인 클래스. 1년 뒤 광고 수익과 도구 협찬이 붙었고, 2년 뒤에는 초급 키트 판매까지 시작되었습니다. 돈이 안 돼도 하고 싶어 시작한 일이 결국 돈이 되면서 더 오래 할 수 있는 일이 되었습니다.

25년 동안 간호사로 일한 한 분은 지역 복지관과 손잡고 노년층을 위한 운동·영양 케어 프로그램을 만들었습니다. 프로그램 매뉴얼을 정리하자 동네마다 요청이 이어졌고, 강의료와 교재 판매, 멘토링으로까지 연결되었습니다. 중요한 것은 속도가 아니라 연결성입니다. 좋아하는 일, 의미 있는 일, 사람에게 도움이 되는 일을 선택하면 연결이 생기고, 그 연결은 새로운 기회를 불러옵니다.

교사와 교장, 장학관으로 27년을 보낸 한 분은 정년 후 상담센터를 열어 상처 입은 아이들을 위한 자아존중감·자기효능감 케어 프로그램을 만들었습니다. 프로그램과 공간이 갖춰지자 여러 학교와 부모들의 요청이 이어졌습니다. 멘토링, 컨설팅, 강의, 프로그램 판매로까지 확장되며 수익이 났습니다. 그는 "1년이라도 더 빨리 시작할걸" 하고 후회합니다. 평생 억지로 버틴 직업이 아니라 죽을 때까지 하고 싶은 신나는 일이 되었고, 지금은 누구보다 행복하게 살고 있습니다.

부모의 노후와 아이의 미래는 같은 문장으로 연결됩니다

아이 앞에서 우리는 늘 '일의 의미'를 보여줍니다. 부모가 '일은 견디는 것'이라는 표정으로 하루를 버틴다면, 아이는 일과 배움을 의무로 배우게 됩니다. 반대로 '일은 기여이고, 배움은 힘'이라는 태도로 살아간다면, 아이는 일과 배움을 자기 결정의 과정으로 이해하게 됩니다.

레프 비고츠키(Lev Vygotsky)가 말한 '근접 발달 영역(Zone of Proximal Development, ZPD)'은 아이 곁에 더 숙련된 어른이 있다는 전제를 둡니다. 부모가 그 역할을 하기 어렵다면 멘토나 스승이 필요합니다. 배움을 이끄는 어른이 곁에 있을 때 아이의 근접 발달 영역은 더욱 넓어집니다.

"아이들은 언제나 '가능한 것'의 가장자리에서, 자신보다 조금 앞선 타인과 함께 성장합니다."

- 레프 비고츠키

교육의 결론은 결국 '일'입니다. 제가 제안하는 '7단계 교육법'은 아이를 위한 방법이지만, 사실 부모의 노후 설계에도 그대로 적용될 수 있습니다.

1. **영재 단계:** 강점을 알아차리고
2. **탐색 단계:** 호기심의 파장을 키우고
3. **몰입 단계:** 하루의 황금 시간을 배치하고
4. **실습 단계:** 현장에서 몸으로 배우고
5. **성과 단계:** 작은 결과를 세상에 내놓고
6. **혁신 단계:** 읽고 토론하며 개념을 업그레이드하고
7. **사관 단계:** 같은 길을 걷는 동료들과 네트워크를 형성합니다.

이 여정이 아이에게만 필요할까요? 아닙니다. 부모의 50대, 60대에도 그대로 적용됩니다. 하루 1시간씩 100일이면 자신의 분야에서 전자책 한 권을 만들고, 입문 강의 5강을 완성할 수 있습니다. 존 던로스키(John Dunlosky)가 말한 '간격 반복'과 '인출 연습'을 생활화하면

배움은 점점 더 빨라집니다.

존 스웰러(John Sweller)의 '인지 부하 이론(Cognitive Load Theory)'에 따라 학습 난이도를 조절하고, 복잡한 과제는 작은 단위로 나누어 단계적으로 접근해보세요. 오늘의 한 페이지가 내일의 한 강의가 되고, 모레의 한 강의가 모듈이 됩니다. 꾸준한 축적은 배신하지 않습니다. 실제로 몇몇 학부모님은 아이와 함께 제가 설립한 국제혁신영재사관학교의 과정을 경험한 뒤, "저도 이 학교에 다니고 싶어요"라고 말할 정도였습니다.

돈이 안 돼도 하고 싶나요?

여기서 다시 폭탄 질문입니다. "돈이 안 돼도 여전히 하고 싶은가요?" 이 질문에 "예"라고 답할 수 있는 일을 찾으십시오. 역설적이지만 그 일이 시간이 지나 돈이 됩니다. 이유는 간단합니다. 지속성은 곧 품질이고, 품질은 결국 신뢰로 환산됩니다. 신뢰는 기회를 불러오고, 기회는 결국 수익의 흐름을 만듭니다.

제롬 브루너가 말한 것처럼 사람들은 논증보다 이야기에 이끌립니다. 왜 이 일을 하는지, 누구를 위해 하는지, 나의 여정이 어떤 실패와 수정을 거쳤는지, 그 이야기를 기록하고 전하십시오. 당신의 이야기에 사람들이 합류할 때 은퇴는 필요 없어집니다.

오늘 저녁 식탁에서 바로 시작할 수 있는 실천 세 가지를 제안합니다.

첫째, 가족 모두가 좋아하는 일을 열 가지 적습니다. 돈이 되든 안 되든 상관없이 하고 싶은 일을 쓰는 것입니다.

둘째, 그중 하나를 골라 100일 프로젝트로 선언합니다. 매일 30분, 주 5일만 투자해서 결과물을 한 줄이라도 남깁니다.

셋째, 주말마다 작은 발표를 하세요. 5분이라도 좋습니다. 해티가 말한 대로 명확한 목표와 즉각적 피드백이 성장의 가속페달입니다.

저는 두 아이의 아버지이자 교육자, 그리고 사업가로서 이 문장을 늘 마음에 새기며 살아갑니다. "아이의 미래를 걱정한다면, 내 노후부터 설계하라." 사랑하는 일을 선택하는 용기, 배운 것을 나누는 기쁨, 그리고 결과를 세상에 내놓는 습관. 이 세 가지를 부모와 스승이 먼저 실천해야 아이가 그 길을 따라옵니다. 그래야 아이는 교육이란 단순히 직장을 얻는 법이 아니라, 은퇴가 필요 없는 일을 만들어가는 법임을 배우게 됩니다.

저는 제자들에게 강의할 때마다 이렇게 말합니다. "선생님은 일하는 게 세상에서 제일 좋고 신나. 그렇게 살다 보니 돈은 자연스럽게 따라

오더라. 너희도 평생 그렇게 살았으면 좋겠어. 이제는 부모님 세대와는 모든 규칙이 달라졌거든"

이제는 정년을 준비하는 교육이 아니라 평생 즐겁게 일할 수 있는 일을 찾고 만들어가는 교육이 필요합니다. 특히 어릴 때부터 하루 한두 시간이라도 스스로 선택한 일에 몰입하는 경험은 장기 기억과 학습 습관으로 이어져, 자녀의 50년 후 노후를 넘어 평생을 행복하게 살아가게 하는 힘이 됩니다.

"

돈이 많든 적든, 인간은 죽을 때까지 일하도록 설계되어 있다.

지금 하는 일이 신나지 않다면 평생 억지로 일해야 한다.

"

by 오두환

3장

90일 동안 학교에 보내지 않았더니 벌어진 기적

90일, 아이 두뇌가
놀라운 속도로 진화하기 시작했다

제가 처음 학교를 세웠을 때 학생 수는 단 네 명뿐이었습니다. CBS의 유명 프로그램 〈새롭게 하소서〉 유튜브 채널에서 50만 조회수를 기록하고, 수많은 강연으로 잘 알려진 최병호 교감 선생님의 두 자녀와 제 아이 둘이 전부였습니다. 특히 초등학교 4학년이던 제 큰아들은 처음엔 이 학교에 다니고 싶어 하지 않았습니다. 기존 학교에 친구들이 많았고 새 학교에는 학생이 거의 없었기 때문입니다. 그래서 저는 "90일만 다녀보고 마음에 들지 않으면 그만둬도 된다"고 말했습니다. 결국 두 아들은 마지못해 새 학교에 들어왔습니다.

그런데 여름 캠프를 진행하면서 상황이 달라졌습니다. 많은 아이가 캠프에 참여해 직접 교육을 체험했는데, 경쟁과 주입식 교육이 아닌

서로 사랑하고 응원하며 스스로 문제를 해결하는 수업 방식을 경험하
자 캠프가 끝난 뒤에도 학교를 떠나려 하지 않았습니다. 그렇게 제 아
이를 비롯해 여러 아이가 초·중·고등학교의 공교육을 자의로 포기하게
되었습니다.

매일 아침 8시 반부터 저녁 8시까지 이어지는 일정이었지만, 아이
들은 기존의 주입식 교육과는 완전히 다른 환경을 경험했습니다. 7단
계 교육법, 자율 학습과 자율 시간제, 독서 기반 몰입 교육, 하워드 가
드너의 다중지능 이론에 따른 달란트 매칭 프로그램, 체육 활동, 돈 공
부 등 아이들이 이전에는 접하지 못했던 프로그램들이 가득했습니다.
아이들에게 이 모든 것은 단순한 수업이 아니라 즐겁고 매력적인 경험
이었습니다. 그래서 아이들은 스스로 입학을 결정했습니다.

90일의 실험이 끝난 후, 아이들은 이전과는 눈에 띄게 달라졌습니
다. 학교에 다니던 때보다 훨씬 밝고 자신감 있는 모습이었고, 자신이
선택한 분야에서는 놀라울 만큼 깊은 이해와 지식을 보여주었습니다.
또 이전에는 생각지도 못한 창의적인 아이디어와 질문들을 끊임없이
쏟아냈습니다. 학교에 다닐 때는 평범했던 아이들, 심지어 학습에 흥
미를 잃고 지루해하거나 수업 시간에 졸았던 아이들조차 90일 동안의
학교 밖 학습 환경에서는 완전히 달라졌습니다. 아이들은 자신이 좋아
하는 일에 몰입하며 관심사와 재능을 발견했고, 두뇌가 스스로 깨어
움직이는 경험을 했습니다.

자기 주도적 학습 태도의 변화

공교육이 안고 있는 가장 뿌리 깊은 문제는 학습 주도권이 학생이 아닌 교사에게 있다는 점입니다. 칠판에 적힌 내용을 받아 적고, 정답이 이미 정해진 문제를 외우는 일이 전부라면 아이들의 두뇌는 '수동 처리 모드'에 머무를 수밖에 없습니다. 90일의 실험 동안 우리 아이들은 이런 패턴을 과감히 끊어냈습니다. 스스로 목표를 세우고, 궁금증을 설계하고, 자료를 찾아 검증하는 과정을 반복하면서 '학습의 주인'으로 거듭났습니다.

저는 이 원칙이 대학에서도 유효하다는 사실을 확인했습니다. 5년째 맡고 있는 '검색광고 마케팅의 이해' 수업은 첫해만 해도 3시간짜리 주입식 강의와 판서로만 45시간(15회)을 채웠습니다. 결과는 뻔했습니다. 수십 명의 제자가 졸음과 싸우는 동안, 교수인 저도 에너지가 고갈되어 교실은 '지루함의 공장'이 되어버렸습니다.

결국 하버드비즈니스스쿨(Harvard Business School)의 '사례 기반 학습법(Case Method)'을 차용해 수업 구조를 전면 개편했습니다. 강의 대신 '오늘 당신이 마케팅 디렉터라면?'과 같은 실전 문제를 던지고, 팀별로 해결 전략을 발표하도록 했습니다. 몇 주가 지나자 교실 분위기는 완전히 달라졌습니다. 학생들은 자료 조사·토론·피어 피드백에 몰입했고, 서로의 발표를 통해 간접 지식을 흡수하며 사고의 폭을 넓혔습니다. 그 결과 같은 과목 수강생들이 전국 대학 공모전에서 연이어 금상과 동상을 받는 성과를 냈습니다.

이 경험은 한 가지 중요한 사실을 보여줍니다. "배움은 전달될 때가 아니라, 스스로 탐구할 때 진짜가 된다"는 것입니다. 아이가 스스로 좋아하는 주제의 책을 선택하고, 궁금한 질문을 만들고, 그 답을 찾아가는 과정을 반복하면 두뇌는 이전과는 전혀 다른 방식으로 작동하기 시작합니다. 처음에는 낯설고 어려워 보여도 일정한 임계점을 넘으면 아이는 자연스럽게 '질문 생성 → 정보 탐색 → 비판적 검증'의 순환 과정을 익히게 됩니다. 이때 활성화되는 전전두엽-해마 회로는 창의적 문제 해결력과 장기 기억 형성의 핵심 동력으로, 이는 교육심리학자 존 해티의 연구에서도 명확히 입증된 사실입니다.

결국 90일 프로젝트가 전하는 메시지는 분명합니다. 학습이란 외부에서 주입되는 지식을 암기하는 일이 아니라, 스스로 묻고 답을 찾아가는 과정 그 자체라는 것입니다. 그리고 그 과정을 스스로 설계할 수 있도록 도와주는 순간, 평범하던 아이의 두뇌는 놀라울 만큼 빠르게 성장하고 진화하기 시작합니다.

탐구와 질문이 두뇌를 성장시킨다

세계적인 교육학자 존 듀이(John Dewey)는 "교육이란 경험을 통해 학습하는 것이며, 아이들이 스스로 질문하고 탐구할 때 가장 큰 배움이 일어난다"고 말했습니다. 이 90일의 실험은 듀이의 경험 중심 학습 철학을 그대로 실천한 사례였습니다. 아이들은 학교에서처럼 교사가 내주는 문제만 푸는 것이 아니라, 스스로 문제를 찾고 탐구하며 자신의 두뇌를 끊임없이 자극했습니다.

탐구하는 과정에서 아이들은 끊임없이 질문을 던졌고, 그 질문은 또 다른 탐구로 이어졌습니다. 아이들이 만들어낸 질문은 교과서에 나오는 단순한 질문과 달리 매우 창의적이고 깊이가 있었습니다. 이런 질문들이 아이들의 두뇌를 자극하고, 인지 능력과 문제 해결력을 빠르게 성장시키는 원동력이 되었습니다.

창의성과 문제 해결 능력의 폭발적 향상

90일 동안의 자기 주도적 탐구 경험은 아이들의 창의성과 문제 해결 능력을 눈에 띄게 끌어올렸습니다. 아이들은 일상 속에서 스스로 문제를 발견하고, 그것을 해결하기 위한 다양한 아이디어를 내기 시작했습니다. 아이들의 두뇌는 이전과 달리 주어진 문제의 답을 찾는 데 머무르지 않고, 문제를 발견하고 해결책을 직업 만들어내는 창의적 사고를 하게 된 것입니다.

이 과정에서 아이들은 기존의 학교 교육으로는 얻기 힘든 자신감을 키웠습니다. 스스로 문제를 해결하고 자신의 아이디어가 실제로 효과를 발휘하는 경험은 아이들에게 큰 자존감과 용기를 주었습니다. 이것은 단순히 두뇌 발달에서 끝나는 것이 아니라, 앞으로 어떤 도전 앞에서도 주저하지 않고 맞서 이겨낼 수 있는 힘으로 이어집니다.

스트레스가 아닌 즐거움의 경험

한국의 학교 교육에서 가장 심각한 문제 중 하나는 바로 과도한 스트레스입니다. 수많은 시험과 평가에 시달리는 아이들은 과도한 스트레스에 시달리며 학습을 괴로운 경험으로 받아들이게 됩니다. 그러나 90일 동안의 학교 밖 탐구 학습에서 아이들은 스트레스가 아닌 즐거움을 경험했습니다.

공부를 억지로 하는 것이 아니라 스스로 선택한 주제와 관심 분야를 즐겁게 탐구했습니다. 이런 탐색의 흐름 속에서 아이들의 두뇌는 스트레스 없이 최적의 상태로 작동했습니다. 실제 뇌 과학 연구에서도 스트레스가 없고 즐거운 상태에서 두뇌가 가장 효과적으로 작동하며, 창의력과 학습 효과도 극대화된다고 밝혀졌습니다.

아이의 두뇌가 스스로 진화하는 원리

뇌 과학자 노먼 도이지(Norman Doidge)는 뇌가 고정된 것이 아니라 환경과 경험에 따라 끊임없이 변화하고 진화한다고 말했습니다. 그는 "두뇌는 사용하는 방식에 따라 달라지며, 새로운 경험과 탐구를 통해 끊임없이 발전한다"고 강조했습니다.

90일 동안 진행된 학교 밖 학습 실험에서 아이들의 두뇌는 지속적인 탐구와 몰입을 통해 놀라운 속도로 발전하기 시작했습니다. 아이들은 자신이 진정으로 관심 있는 분야에 깊이 몰두하면서 두뇌가 새로운 방식으로 작동하고, 새로운 신경 연결이 활성화되는 과정을 직접 경험했습니다. 이런 경험이 쌓일수록 아이들의 두뇌는 점점 더 유연해지고, 복잡하고 창의적인 사고를 할 수 있는 힘을 길러갔습니다.

기적은 반복 가능하다

많은 부모가 90일 동안 일어난 변화를 두고 '특별한 아이들에게만 일어난 예외적인 사례가 아닐까?'라고 생각할 수 있습니다. 하지만 실제로 이 변화는 일부 아이들에게만 가능한 일이 아니라, 모든 아이에게 일어날 수 있는 변화입니다. 아이가 스스로 좋아하고 흥미를 느끼는 분야를 발견하고, 그 속에서 몰입할 수 있는 환경만 마련된다면 누구든 같은 변화를 경험할 수 있습니다.

90일 동안의 학교 밖 학습은 아이들에게 특별한 능력을 부여한 것이 아닙니다. 원래 두뇌 안에 있던 잠재력과 가능성을 제대로 발현할 수 있도록 도와준 것뿐입니다. 아이들은 본래부터 놀라운 능력을 지니고 있었지만, 주입식 교육과 시험 위주의 환경에서 그 능력을 제대로 발휘하지 못하고 있었을 뿐입니다.

부모는 아이들이 가진 두뇌의 힘을 마음껏 펼칠 수 있는 환경과 기회를 만들어주어야 합니다. 학교 밖에서 스스로 선택한 주제와 관심 분야를 자유롭게 탐구하며 몰입할 수 있게 돕는 것, 그것이야말로 아이들의 두뇌 발달을 이끄는 가장 확실한 방법입니다. 이 90일의 놀라운 변화는 몇몇 아이들에게만 일어난 특별한 기적이 아닙니다. 여러분의 자녀에게도 충분히 일어날 수 있는 변화입니다. 이 책을 끝까지 읽고, 여러분의 자녀에게도 이 놀라운 두뇌 진화의 경험을 선물하시길 바랍니다.

아이들이 학교 대신 '여기' 갔더니
두뇌가 폭발적으로 작동했다

학교가 아이들에게 줄 수 있는 경험이 매우 제한적이라는 사실은 이미 잘 알려져 있습니다. 아이들은 정해진 교과 과정과 틀에 맞춰진 교실 안에서 대부분의 시간을 보냅니다. 하지만 이런 환경에서는 아이들이 새로운 환경에 노출되거나, 다양한 사람들을 만나거나, 실제 현실 세계의 문제를 접하고 해결하는 경험을 하기 어렵습니다.

90일 동안 학교에 보내지 않은 아이들은 학교 대신 바로 '이곳'으로 향했습니다. 교실이 아닌 현실의 현장, 세상 속의 다양한 경험과 실제 삶의 문제들이 있는 곳이었습니다. 아이들은 스스로 선택한 장소에서 탐구하고 체험하며 놀라운 두뇌 성장을 보여주었습니다.

이번 편에서는 아이들이 학교 대신 갔던 이 특별한 현장에서 어떤 경험을 했고, 그 결과 두뇌가 어떻게 놀라운 속도로 발전했는지 상세하게 전해드리겠습니다.

학교 밖에서 찾은 최고의 교실, '현장'

아이들이 90일 동안 학교를 벗어나 처음으로 찾은 곳은 바로 실제 생활과 연결된 '현장'이었습니다. 아이들은 박물관, 과학관, 도서관, 공원, 기업체 현장, 연구소, 그리고 다양한 전문가들을 직접 만날 수 있는 곳으로 향했습니다. 처음에는 아이들도 학교가 아닌 낯선 환경에서 학습하는 것이 어색해 망설였습니다. 하지만 곧 아이들은 직접 경험하고 탐구할 수 있는 환경이 얼마나 큰 자극을 주고, 두뇌가 활발히 작동하는지 몸소 깨달았습니다.

특히 아이들이 현장에서 직접 경험하면서 학습한 내용은 학교에서 배우는 것과는 완전히 달랐습니다. 학교에서는 책과 교과서를 통해 지식을 간접적으로 전달받았지만 매월 2~3회 이상 찾아간 현장에서는 아이들이 직접 보고, 듣고, 만지면서 학습했습니다. 이런 방식은 아이들의 두뇌를 더욱 활발하게 자극하고, 지식을 습득하는 과정 자체를 즐겁고 의미 있게 만들었습니다.

박물관과 과학관, 지식을 직접 만나는 놀라운 공간

박물관과 과학관, 그리고 킨텍스와 SETEC에서 열리는 박람회는 학교 밖 학습에서 아주 중요한 공간이었습니다. 아이들은 박물관에서 역사와 문화를 눈으로 보고 피부로 느꼈고, 과학관에서는 다양한 실험과 체험을 통해 과학 원리를 몸으로 익혔습니다. 또한 국내외 굴지의 기업들이 기술력을 뽐내는 '로보월드' 박람회에서의 체험은 교사들도 놀랄 정도였습니다. 이때의 배움은 단순한 암기가 아니라 깊은 이해와 사고로 이어졌습니다.

아이들이 박물관과 과학관, 박람회에서 경험한 학습은 그 자체로 아이들의 두뇌를 자극했습니다. 아이들은 직접 질문을 던지고, 전시물을 보고, 만지고, 궁금한 점을 현장에 있는 전문가들에게 물어보았습니다. 이렇게 적극적으로 탐구하는 과정에서 아이들의 호기심과 학습 동기는 폭발적으로 증가했습니다.

특히 과학관과 박람회에서의 실험과 문답 활동은 이론을 실제로 확인하고 적용할 기회를 주었습니다. 아이들은 스스로 실험을 하면서 개념을 이해하고 문제를 해결했으며, 이 시간을 통해 실질적인 문제 해결 능력을 키웠습니다. 이런 경험은 기존의 교실 수업에서는 느낄 수 없던 기쁨과 만족감을 선물해주었습니다.

기업 현장에서 만난 진짜 직업의 세계

교실 밖으로 나온 아이들이 두 번째로 향한 곳은 실제 산업 현장이었습니다. '수업 시간에 배우는 지식이 어디서, 어떻게 쓰일까?'라는 물음에 대한 해답을 얻기 위해서입니다. 우리는 법무법인, 공공기관, 국군의무학교, 첨단 연구소, 대기업, 중견·중소기업, 대형 병원과 클리닉 등 산업별 최전선을 직접 찾았습니다.

아이들은 회의실 유리 벽 너머로 국가인권위원회 수장이 인권 침해 사례를 브리핑하는 장면, 변호사가 분초를 다투며 전략을 짜는 상황을 지켜봤습니다. 대학교 졸업 전시회에서는 10년 앞선 선배들의 포트폴리오를 훑으며 '이 정도 완성도를 내려면 내가 오늘 무엇을 시작해야 할까?'를 스스로 묻기도 했습니다. 치과·피부과·한의원의 대표원장처럼 생명을 다루는 전문가와 마주했을 때는 질문이 쏟아졌습니다. "왜 의사가 되셨나요?", "의료법 때문에 못 하는 이야기가 있나요?" 같은 날카로운 질문에 현업 리더들은 기꺼이 시간을 내어 답했고, 아이들은 노트북을 닫고도 잊지 못할 현실 데이터를 마음에 새겼습니다.

이 경험의 가장 큰 가치는 지식의 목적을 눈으로 본 순간, 학습 동기가 스스로 점화되었다는 점입니다. 수학 공식은 의료나 기술 장비 정밀 설계로, 국어 비평 능력은 의사 전달과 법정 논리 전개로, 영어 독해는 국제 인권 보고서나 해외 비즈니스 제안서 작성으로 이어진다는 사실을 몸으로 깨달았습니다. 그러자 아이들은 '왜 배우는가' 대신 '어떻게 더 배우지?'를 고민하기 시작했습니다. 데이비드 콜브(David Kolb)의 경험 학습 이론이 말하는 것처럼 '구체적 경험 → 반성적 관찰 → 추상적 개념화 → 능동적 실험'의 사이클이 자연스럽게 작동한 것입니다.

현장은 곧 최고의 교실입니다. 그리고 교실 밖에서 만난 한 사람, 한 장면이 아이들의 진로 나침반을 북극성처럼 선명히 밝혀주었습니다. '나는 무엇을 하며 살아갈 것인가?'라는 질문에 이제 아이들은 교과서가 아닌 현장 경험으로 대답할 준비가 되었습니다.

아이들은 직업 현장에서 만난 전문가들과 대화를 나누며 수많은 질문을 던졌습니다. 전문가들이 들려준 현실적인 답변을 통해 아이들은 자신의 미래를 진지하게 그려볼 수 있었습니다. 그 과정에서 무엇을 하고 싶은지 구체적으로 정리했고, 그 일을 위해 어떤 공부와 노력이 필요한지도 분명히 알게 되었습니다.

도서관, 아이들이 스스로 탐구하는 기적의 공간

도서관은 90일 동안 아이들이 가장 자주 찾은 곳이었습니다. 아이들은 매일 도서관에서 원하는 책을 자유롭게 읽었고, 책을 읽다 떠오른 궁금증과 흥미로운 주제를 스스로 탐구했습니다. 이 시간은 아이들의 두뇌가 가장 활발하게 깨어나는 순간이었습니다. 책을 읽으며 아이들은 끝없이 호기심을 자극받았고, 답을 찾기 위해 여러 권의 책을 찾아 읽고 연구했습니다. 이렇게 자기 주도적으로 탐구하는 과정에서 두뇌는 그 어느 때보다 활발하게 작동했고, 복잡하고 창의적인 사고 능력도 크게 자라났습니다.

또한 아이들은 도서관에서 혼자 탐구하는 데서 그치지 않고 다른 친구들과 만나 책과 주제를 놓고 자연스럽게 토론하며 협력하는 법도 배웠습니다. 이런 경험은 자기 생각을 또렷하게 표현하고 다른 사람의 의견을 받아들이며 발전시키는 힘을 키우는 데 큰 도움이 되었습니다.

현장 중심 학습의 뇌 과학적 원리

아이들이 학교 밖에서 현장 중심의 학습을 경험하며 놀라운 두뇌 발달을 보인 것은 뇌 과학적으로도 충분히 설명됩니다. 뇌 과학자 존 메디나(John Medina)는 저서 《브레인 룰스(Brain Rules)》에서 "사람의 뇌는 실제 경험과 탐구를 통해 가장 효과적으로 학습한다"고 강조했습니다.

직접 경험을 통한 학습은 뇌의 다양한 감각과 인지 능력을 동시에 자극합니다. 아이들이 현장에서 직접 보고, 듣고, 만지고, 움직이면서

학습할 때 뇌는 다양한 자극을 받아 신경 연결이 더욱 활발하게 일어
납니다. 이러한 자극이 반복되면서 아이들의 두뇌는 점점 더 복잡하고
효율적인 구조로 성장하게 됩니다.

특히 현장에서의 자기 주도적 탐구와 학습은 뇌의 전전두엽
(prefrontal cortex)을 활성화합니다. 전전두엽은 계획력, 문제 해결 능
력, 자기 통제력, 창의적 사고와 같은 고차원적 사고를 담당하는 뇌의
핵심 영역입니다. 아이들이 능동적으로 탐구하며 문제를 풀어갈 때 전
전두엽이 활발히 작동하고, 그만큼 두뇌도 빠르게 발달합니다.

90일의 경험이 아이들의 미래를 바꾼다

90일 동안의 학교 밖 경험은 아이들에게 학교에서의 학습과는 비교
할 수 없는 놀라운 두뇌 발달을 안겨주었습니다. 이는 단순히 90일 동
안의 일시적인 변화가 아니라 아이들이 앞으로 살아갈 인생 전체에 영
향을 주는 큰 전환이었습니다. 아이들은 자신이 좋아하는 분야를 발견
하고, 그 분야에 깊이 몰입하면서 자기 인생의 방향을 잡을 수 있었습
니다.

이런 놀라운 변화를 목격한 학부모와 교사들은 이제 학교 교육 방식
에 대해 근본적으로 다시 생각하게 되었습니다. 학교가 제공하지 못하는

현장 중심의 자기 주도적 학습 환경이 아이들의 두뇌 발달과 학습에 얼마나 중요한지 명확히 깨닫는 계기가 되었습니다.

부모는 아이들이 교실을 넘어 세상 속으로 나가 다양한 경험을 통해 배우고 성장할 수 있도록 도와야 합니다. 학교가 아닌 '현장'이 아이들의 두뇌를 폭발적으로 성장시키는 최고의 교실입니다. 지금 당장 아이에게 현장 중심의 살아 있는 배움의 기회를 열어주세요.

> "
>
> 모든 비즈니스는 이론이 아니라 실무이고,
>
> 모든 실무적 역량은 현장에서 나온다.
>
> "
>
> by 오두환

아이가 직접 찾은 달란트
평범한 아이가 천재로 바뀌는 이유

제가 설립한 학교에서는 학생들이 매일 '꿈틀'이라는 특별한 시간을 갖습니다. '꿈틀'은 '꿈이 틀을 잡는 시간', '아이의 꿈이 꿈틀거리기 시작하는 순간'이라는 뜻을 지니고 있습니다. 아이들은 이 시간을 통해 자신이 좋아하고 잘하는 것을 스스로 탐색하며, 점차 꿈의 방향을 세워갑니다. 그리고 아이들은 자신만의 꿈을 보고, 듣고, 학습하면서 점차 '내가 좋아하는 것이 곧 나의 힘이 될 수 있다'는 사실을 깨닫습니다. '꿈틀'은 단순한 진로 탐색이 아니라, 아이의 가능성이 깨어나고 살아 움직이기 시작하는 우리 학교 영재 단계의 출발점입니다.

이후 과정에서는 전문 상담 교사가 학생과 1 대 1로 꾸준히 면담하며 목표와 진척 상태를 스스로 점검하도록 돕습니다. 스스로 목표를 세우고(자율성), 난이도를 조절하며(유능감), 교사와 동료의 지지를 받는 경험(관계성)은 내적 동기를 키웁니다. 이는 심리학자 리처드 라이언과 에드워드 데시가 제시한 '자기 결정성 이론'에 근거한 것입니다.

특히 일정 진척률을 달성하면 저를 포함한 여러 스승이 한 학생을 중심에 두고 심층 면담을 진행해 달란트를 함께 '발견 → 검증 → 교육 과정 연계'까지 이어갑니다. 한 번의 진단으로 끝나는 이벤트가 아니라 수업, 프로젝트, 평가에 자연스럽게 녹아드는 시스템입니다. 이 접근은 해티의 가시적 학습 관점에도 바탕을 두고 있습니다. 요컨대 학문적 연구에 깊이 뿌리를 두고 검증해보았더니 큰 성과를 거두게 된 셈입니다.

아이들이 달란트를 발견한 후 나타난 가장 두드러진 변화는 자신감과 학습 태도였습니다. 자신의 달란트를 발견한 아이들은 더 이상 수동적이고 지루한 태도를 보이지 않았습니다. 대신 자신이 좋아하는 분야에서 적극적으로 배우고 탐구하며, 스스로 선택한 분야에 몰입했습니다. 이러한 몰입을 통해 아이들의 두뇌는 더욱 빠르고 깊이 있는 학습을 할 수 있었습니다. 몰입 상태에서는 학습 속도와 효율성이 눈에 띄게 높아지고, 무엇보다도 학습 자체에서 느끼는 즐거움과 만족감이 극대화됩니다.

실제 사례로 본 달란트 발견 과정

이 변화는 이론적인 설명만으로 충분하지 않습니다. 구체적인 사례를 통해 아이들이 어떻게 달란트를 발견했고, 그 결과 어떤 변화를 겪었는지 살펴보겠습니다.

첫 번째는 한 초등학생의 이야기입니다. 이 학생은 학교에서 성적이 그리 뛰어나지 않았고, 부모님도 아이의 재능을 알지 못했습니다. 그런데 90일 동안 학교에 가지 않고 자유롭게 탐구할 기회를 얻으면서 아이는 놀라운 재능을 발견했습니다. 바로 곤충에 대한 관심이었습니다.

아이는 매일 숲과 공원에 나가 곤충을 관찰하고, 곤충에 관한 책을 읽으며 자신의 관심 분야를 깊이 파고들었습니다. 그리고 불과 몇 주 만에 수백 종의 곤충 이름과 특성, 생태까지 완벽히 외우고 구분할 수 있게 되었습니다. 아이는 자신이 좋아하는 분야에서 놀라운 기억력과 집중력을 발휘했고, 심지어 곤충의 생태에 대한 깊이 있는 질문과 탐구를 계속했습니다. 이 아이는 곤충학자라는 구체적인 꿈을 꾸게 되었고, 이전에는 보지 못했던 자신감과 열정적인 태도를 보였습니다.

두 번째 사례는 한 고등학생입니다. 공부에는 큰 흥미가 없지만 분석과 관찰에 남다른 재능을 지닌 아이였습니다. 학교에서는 이 재능을 발휘할 기회가 거의 없었지만, 90일 동안의 학교 밖 활동에서 사람 분석과 평가에 깊이 빠져들었습니다. 심리와 통계 관련 서적을 읽고,

경영과 인사 이론을 배우며, 직접 사람들과 교류하고 유튜브 자료까지 참고하여 몰입하며 공부했습니다.

부모와 교사는 이 학생의 판단력과 분석 능력이 얼마나 뛰어난지 그제야 알게 되었고, 아이의 특별한 능력을 존중하고 지원하기 시작했습니다. 결국 학생은 인사 분야에서 일하겠다는 꿈을 스스로 발표했고, 그 모습은 주변 친구와 가족에게 큰 감동을 주었습니다. 이전과 달리 밝고 자신감 넘치는 태도로 삶을 바라보게 된 것입니다.

세 번째 사례는 책 읽기와 글쓰기를 사랑하게 된 초등학생입니다. 이전에는 학교 수업을 따르는 것을 지루해하며 특별한 흥미를 보이지 않았습니다. 하지만 90일 동안 도서관에서 자유롭게 원하는 책을 읽으면서 놀라운 문장력과 상상력을 드러내기 시작했습니다.

아이는 매일 여러 권의 책을 읽었고, 떠오른 생각과 상상을 담아 직접 이야기를 쓰고 글을 이어갔습니다. 그 과정에서 글쓰기 실력은 눈에 띄게 발전했고 자신의 글을 다른 사람과 나누고 소통하는 즐거움까지 알게 되었습니다. 이제는 작가가 되고 싶다는 구체적인 꿈을 꾸게 되었고 이전과는 달리 자존감 넘치는 모습으로 변했습니다.

이 세 가지 사례가 말해주는 바는 분명합니다. 모든 아이는 저마다의 달란트를 갖고 있습니다. 필요한 것은 교과서에 적힌 지식을 외우는 일이 아니라, 자신이 좋아하는 분야를 발견하고 몰입하며 스스로 성장할 기회를 얻는 것입니다.

아이들이 자신만의 달란트를 발견하고 발전시킬 때 얻는 특별한 이점은 네 가지입니다.

첫째, 학습의 주도권을 갖습니다.
스스로 선택한 분야에서 몰입하고 탐구하는 경험을 통해 학습의 즐거움과 만족을 느낍니다. 그 과정에서 배우는 힘을 스스로 키워갑니다.

둘째, 뛰어난 창의성과 문제 해결 능력을 갖춥니다.
관심 분야를 깊이 파고드는 과정에서 복잡한 문제를 스스로 해결할 힘을 기릅니다. 자연스럽게 창의적인 사고도 발달합니다.

셋째, 높은 수준의 자신감과 자존감을 얻습니다.
좋아하는 분야에서 성과를 내고 인정받는 경험은 자신에 대한 믿음을 키워줍니다. 다른 영역에서도 두려움 없이 도전할 용기를 얻게 됩니다.

넷째, 진로를 명확히 할 수 있습니다.
어릴 때부터 자신이 좋아하고 잘하는 분야를 알게 되면 장차 직업이나 진로를 선택할 때 혼란이 줄어듭니다. 구체적이고 분명한 목표를 세울 수 있습니다.

왜 평범한 아이가 천재로 바뀌는가?

천재는 특별히 선택된 소수에게만 주어진 이름이 아닙니다. 모든 아이는 본래 자기만의 특별한 재능과 잠재력을 지니고 있습니다. 아이가 평범하게 보이는 이유는 그 아이가 가진 진짜 재능을 발견하지 못했기 때문입니다. 하지만 아이들이 자신이 좋아하는 분야를 발견하고, 그 분야에서 진정으로 몰입하기 시작하면 누구나 천재적인 능력을 발휘할 수 있습니다.

많은 연구에 따르면 천재성이나 탁월함은 타고나는 것이 아니라, 자신이 좋아하는 분야에서 오랜 시간 집중하고 몰입한 결과로 나타난다고 합니다. '1만 시간의 법칙'으로 유명한 심리학자 안데르스 에릭슨(Anders Ericsson)은 세계적으로 인정받는 전문가나 천재로 불리는 사람들이 오랜 시간 한 분야에 몰두하며 연습과 경험을 반복한 결과로 탁월한 능력을 얻게 되었다고 강조했습니다.

즉, 아이가 천재로 바뀌는 핵심 원리는 단순합니다. 자신이 좋아하는 분야를 발견하고 그 분야에서 꾸준히 몰입하며 깊이 탐구하는 것입니다. 이 과정에서 아이의 두뇌는 빠르게 진화합니다. 결국 평범했던 아이가 특별한 재능과 능력을 가진 천재적 인물로 성장하게 되는 것입니다.

이제 우리 부모들은 아이들이 자신만의 달란트를 찾고, 그것을 통해 특별한 인생을 살아갈 수 있도록 도와야 합니다. 아이들의 미래는 지금 부모가 어떤 선택을 하느냐에 달려 있습니다.

"

자신의 타고난 재능을 모른다는 것은

곰팡이 핀 지하 셋방에

수십억 가치의 황금 변기를 두고 사는 것과 같다.

"

by 오두환

4장

내 아이를 부자로 키우는 법
- 미래를 살아갈 현실적인 능력

유대인 부모가 아이들에게 가르치는
절대적 돈의 규칙

세계에서 가장 성공적인 민족으로 꼽히는 유대인은 노벨상 수상자, 글로벌 기업 CEO, 금융 전문가 등 세계 각 분야에서 탁월한 성과를 내고 있습니다. 특히 경제와 금융 분야에서 유대인의 영향력은 압도적입니다. 전 세계 인구의 0.2%에 불과한 유대인이 전 세계 억만장자의 20% 이상을 차지하고 있다는 사실은 이미 잘 알려져 있습니다.

유대인들이 전 세계적으로 경제적 성공과 독립을 이룰 수 있었던 가장 큰 비결은 무엇일까요? 그것은 바로 가정에서 어릴 때부터 철저하게 이뤄지는 '경제적 교육'과 '돈에 대한 정확한 이해' 덕분입니다. 유대인은 어릴 때부터 아이들에게 돈에 관해 철저하고 현실적인 규칙을 가르칩니다. 돈을 단순히 벌고 소비하는 수준을 넘어 돈의 흐름과 가치를 이해하고, 효율적으로 관리하며 투자하고, 자산을 불리는 방법까지 정확하게 교육합니다.

이번 편에서는 유대인 부모가 아이들에게 가르치는 가장 핵심적인 돈의 규칙과 원칙들을 자세히 살펴보고, 우리가 자녀에게 무엇을 가르쳐야 하는지를 명확히 짚어보겠습니다.

유대인들이 돈을 가르치는 이유

유대인이 돈과 경제 교육을 매우 중요하게 생각하는 이유는 단지 돈을 많이 벌기 위해서가 아닙니다. 돈을 올바르게 이해하고 다루는 능력은 삶 전체를 주도적으로 살아가게 하는 가장 강력한 도구이기 때문입니다. 유대인 부모들은 어릴 때부터 아이들에게 돈과 경제 교육을 함으로써 아이들이 스스로 경제적 독립과 자유를 이루고 자신이 원하는 삶을 살아갈 수 있도록 돕습니다.

유대인의 돈 교육은 가정에서부터 시작됩니다. 부모는 아이에게 돈을 버는 방법, 돈을 쓰는 방법, 돈을 저축하고 투자하는 방법, 돈을 통해 가치를 창출하는 방법을 구체적으로 가르칩니다. 이 과정을 거치며 아이들은 자신이 원하는 삶을 주도적으로 설계하고 성취할 수 있게 됩니다. 유대인의 경제 교육은 크게 몇 가지 원칙으로 나눌 수 있습니다.

제1원칙: 돈의 가치를 정확히 이해하라.

유대인 부모가 가장 먼저 가르치는 원칙은 '돈의 가치'를 정확히 이해하는 것입니다. 아이들은 어릴 때부터 돈이 무엇이고, 어떻게 만들어지며, 어떤 가치를 지니는지 명확히 배웁니다. 돈은 저절로 생기는 것이 아니라 자신의 노력과 가치 창출의 결과라는 사실을 알게됩니다.

용돈을 줄 때도 단순히 주지 않습니다. 부모는 반드시 이유와 대가를 제시합니다. 아이가 어떤 일이나 책임을 다했을 때 보상으로 돈을 줍니다. 이를 통해 아이는 돈의 참된 의미를 깨닫고, 스스로 가치를 만들어야 돈을 얻을 수 있다는 원리를 배웁니다.

물건을 살 때도 습관을 길러줍니다. 꼭 필요한지, 가격은 적절한지, 가성비는 좋은지 하나하나 따져본 뒤 결정하게 합니다. 이렇게 자란 아이는 돈을 함부로 쓰지 않고 합리적이며 현명한 소비 습관을 익히게 됩니다.

제2원칙: 돈을 버는 것은 결국 문제를 해결하는 것이다.

유대인 부모는 아이에게 돈을 버는 것이 결국 '사회와 사람들의 문제를 해결하는 것'이라고 가르칩니다. 돈을 벌기 위해서는 사람들이 필요로 하는 문제를 찾아내고 그에 대한 해결책을 제공해야 한다고 알려줍니다. 단순히 노동력을 제공하는 것만으로 돈을 버는 것이 아니라 창의적으로 생각하고 사람들에게 유익을 주는 방법으로 돈을 벌도록 지도합니다.

아이들은 이런 사고방식을 통해 자연스럽게 창의적이고 혁신적인 아이디어를 떠올리게 됩니다. 어려서부터 사람들에게 필요한 것이 무엇인지 관찰하고, 그 문제를 어떻게 해결할 수 있을지 고민하면서 창의적 문제 해결 능력을 키우게 됩니다. 이렇게 길러진 능력은 훗날 사회에 나가서도 뛰어난 경제적 성취를 이루는 밑거름이 됩니다.

제3원칙: 저축과 투자의 가치를 깨달아라.

유대인 부모는 아이들에게 저축과 투자 개념을 분명히 가르칩니다. 저축은 단순히 돈을 모으는 행위가 아니라 미래를 준비하는 과정임을, 투자는 가진 돈을 더 효율적으로 활용해 불려 나가는 방법임을 알려줍니다.

아이들은 어릴 때부터 일정 금액을 저축하는 습관을 들이며, 저축을 통해 원하는 것을 얻거나 장기 목표를 이룰 수 있다는 사실을 깨닫습니다. 부모는 아이가 돈을 단순히 모으는 데 그치지 않고 적절한 곳에 투자해 돈을 늘리는 방법을 알려줍니다. 이런 환경 속에서 아이들은 복리의 원리와 투자에 대한 기본적인 이해를 어릴 때부터 자연스럽게 습득합니다.

제4원칙: 돈을 관리하는 습관을 만들어라.

유대인 부모는 아이들에게 어릴 때부터 돈 관리의 중요성을 강조합니다. 아이가 직접 자신의 용돈이나 수입과 지출을 기록하고 관리하게 하며, 돈을 얼마나 벌고 얼마나 쓰는지 정확히 파악하도록 훈련합니다. 부모는 아이가 주 단위나 월 단위로 지출 계획을 세우고, 사용 내역을 꼼꼼히 정리하도록 돕습니다.

이 과정을 거치며 아이들은 자연스럽게 자신이 가지고 있는 돈을 더욱 효율적으로 활용하는 방법을 배우고, 불필요한 소비를 줄이며, 현명한 소비 습관을 기르게 됩니다. 이러한 습관은 아이가 성인이 되어 경제적 독립을 이루고 스스로 삶을 이끄는 힘을 기르는 데 든든한 기반이 됩니다.

제5원칙: 돈을 현명하게 쓰는 법을 배워라.

돈을 버는 것만큼이나 중요한 것은 돈을 어떻게 쓰느냐입니다. 유대인 부모는 아이들에게 돈을 쓸 때 반드시 현명하고 가치 있는 소비를 하도록 교육합니다. 아이들이 물건을 구매하기 전에 충분히 고민하고, 가격 대비 성능과 효율성을 따져 합리적인 소비를 하도록 지도합니다.

소비의 우선순위도 명확히 정하도록 가르칩니다. 자신이 원하는 모든 것을 다 살 수 없으므로 무엇이 가장 중요한지, 가장 필요하고 가치 있는 소비가 무엇인지 스스로 판단하게 합니다. 이렇게 배우며 아이들은 돈을 합리적이고 현명하게 사용하는 습관을 자연스럽게 익히게 됩니다.

제6원칙: 자선과 나눔의 가치를 배워라.

유대인 부모는 아이들에게 돈을 벌고 쓰는 것뿐 아니라 돈을 통해 사회와 이웃을 돕는 방법도 가르칩니다. 자선과 나눔의 가치를 중요하게 여기며, 아이가 어릴 때부터 일정한 수입의 일부를 기부하거나 이웃을 위해 나누는 습관을 들이도록 합니다.

이런 배움은 아이가 돈을 단순히 개인의 이익을 위한 것이 아니라 사회 전체의 행복과 가치를 높이기 위한 도구로 바라보게 합니다. 나눔의 경험은 아이의 인성을 성장시키고, 돈과 삶을 균형 있게 바라보는 시야를 열어줍니다.

제7원칙: 평생 경제적으로 독립적인 삶을 설계하라.

유대인 부모는 아이들에게 궁극적으로 경제적 독립과 자유를 이루기 위한 구체적인 인생 설계를 가르칩니다. 어릴 때부터 원하는 삶을 그려보고, 이를 이루기 위해 어떻게 돈을 벌고 관리하며 활용할지 스스로 계획하게 합니다.

아이가 이 일곱 가지 원칙을 몸에 익히면 '경제적 독립'은 더 이상 먼 미래의 꿈이 아닙니다. 지금 이 순간부터 설계할 수 있는 구체적 프로젝트가 됩니다. 스스로 수입과 지출을 관리하고, 작은 투자라도 경험해보며, 나눔 예산까지 계획하는 과정에서 아이들은 '돈이 나를 지배하는 존재가 아니라 내가 삶의 가치를 실현하기 위한 자원'임을 몸으로 배웁니다.

우리 학교는 이 과정을 돕기 위해 공·사립은 물론 국제학교와 대안학교 네트워크까지 연결해 실제 유대인 교수나 하브루타(짝 토론)를 경험한 유대인 리더를 정기적으로 초청하고 있습니다. 아마 정말 모시기 힘든 분들이라 학교 차원에서의 초청은 국내에서 유일하지 않을까 합니다. 무엇보다 하브루타 이론을 한국식으로 해석하는 것이 아니라 실제 유대인이 삶에서 배운 것을 직접 듣고 체득한다는 점에 큰 의미가 있습니다.

저는 '금융과 경제' 수업을 단순한 지식이 아니라 '삶 전체를 설계하는 언어'라고 믿습니다. 그래서 매달 직접 강단에 섭니다. 수천 회 현장에서 다져온 강의 경험 덕분에 복잡한 개념도 '용돈 장부 → 가계 재무제표 → 기업 재무제표'처럼 실생활에 바로 적용할 수 있도록 쉽게 풀어 설명하는 데 강점이 있습니다. 그 덕분인지 감사하게도 대안학교 부문에서 교육부 장관상을 수상하기도 했습니다.

강의 시간에는 종종 학생 한 사람과 눈을 맞추며 이렇게 묻습니다.

"실력이 있는데 돈 때문에 꿈을 접고 싶나요?"

"돈 걱정을 하면서 살고 싶나요?"

그 순간 교실의 몰입도는 최고조에 달합니다. 결국 '돈 이야기'는 아이들이 가장 집중하는 주제이자 경제적 독립이라는 궁극적 목표를 현실 계획으로 끌어내리는 촉매제가 됩니다.

요컨대 결국 부모가 지금 할 일은 단순히 '용돈을 덜 주거나 더 주는 것'이 아닙니다. 돈의 본질, 흐름, 사용법, 나눔을 체계적으로 가르쳐 아이가 스스로 경제 설계도를 그리게 하는 것. 이것이 유대인식 교육이 남긴 불변의 교훈이며, 우리 아이를 미래형 부자로 키우는 가장 현실적인 출발점입니다.

"

돈이 결코 삶의 전부는 아니다.
그러나 자유로운 삶의 전부일 수 있다.

"

by 오두환

140세 시대, '경제적 독립' 없이
내 아이의 미래는 없다

지금 우리 사회는 전례 없는 큰 변화를 맞고 있습니다. 의학과 과학의 발전으로 인간의 수명이 급격히 늘어나고 있습니다. 실제로 많은 미래학자와 의학 전문가들은 앞으로 수십 년 안에 인간의 평균 기대수명이 100세를 넘어 140세까지도 늘어날 것으로 예측합니다. 이렇게 긴 수명의 시대가 열리면 우리 아이들이 살아갈 세상은 지금과 완전히 달라질 것입니다.

여기서 중요한 질문이 하나 생깁니다. 이렇게 수명이 길어진 시대에 아이들은 과연 어떻게 살아가게 될까요? 140세까지 건강하게 사는 것도 중요하지만, 그 긴 세월 동안 어떻게 경제적으로 독립된 삶을 유지할 수 있을까요?

단순히 오래 사는 것보다 긴 삶을 경제적으로 독립한 채 살아낼 수 있는 능력을 키우는 것이 더 중요합니다. 자녀가 긴 생애 동안 타인이나 사회 환경에 의존하지 않고 스스로 삶을 책임질 수 있도록 경제적 독립을 이루는 방법을 가르치는 일은 이제 필수가 되었습니다.

이번 편에서는 140세 시대를 살아갈 우리 아이들이 반드시 갖춰야 할 경제적 독립 능력에 대해 구체적으로 살펴보겠습니다.

140세 시대가 가져올 미래의 변화와 도전

유전 공학, 노화 억제 신약, AI 정밀 의료가 동시에 발전하면서 '평균 수명 140세'라는 전망은 이제 학계의 과장이 아닙니다. 실제로 거리에서 노령화 미래를 미리 만나는 일이 잦아졌습니다. 행정복지센터에서 만난 한 어르신은 겉보기에 80대였지만 '해병대 출신 94세'라며 펄쩍 뛰어 보이셨습니다.

제 유튜브 채널 〈꿈을 찾는 사람들〉에 출연한 이보규 교수님(1942년생)은 "정년 후 10년 치 연금을 일시불로 받았는데, 그보다 훨씬 오래 강단을 누비고 있다"며 인생 2막을 유쾌하게 증명했습니다. 김형석 교수님(1920년생)은 105세의 나이에도 여전히 전국의 강연장을 다니고 계십니다.

이런 분들이 주는 메시지는 명확합니다. 우리가 이미 살아온 시간 만큼을 더 살 가능성이 있다는 것, 그리고 그 긴 시간을 경제적으로 자립하지 못하면 장수는 축복이 아니라 커다란 숙제가 된다는 점입니다. 과거처럼 60세나 70세에 은퇴하는 시대는 끝났습니다. 이제는 최소 100세 이상까지 경제활동을 이어가야 합니다. 따라서 단순히 지금처럼 좋은 대학에 입학하고 안정적인 직장을 얻는 것만으로는 결코 이 긴 생애를 경제적으로 책임질 수 없습니다. 앞에 언급된 분들 역시 가까운 지인 중 상당수가 모아둔 돈이 없어 아파도 치료를 받지 못하는 현실을 안타까워했습니다.

이제 미래 사회는 더 이상 평생 한 직장에서 일하거나 하나의 직업으로 살아가는 시대가 아닙니다. 아이들은 앞으로 긴 생애 동안 여러 직업을 경험하고 다양한 경제활동을 스스로 만들어가며 살아가야 합니다. 그렇기에 지금부터 아이들에게 경제적 독립을 위한 현실적인 능력을 길러주는 일이 무엇보다 중요합니다.

경제적 독립이란 무엇인가?

경제적 독립(financial independence)이란 간단히 말해 타인의 경제적 지원 없이 자신의 생활을 스스로 책임지고 원하는 삶을 주도적으로 살아갈 수 있는 상태를 말합니다. 경제적 독립을 이루기 위해서는 충분한 소득을 얻고, 그 돈을 적절하게 관리하며 장기적으로 자산을 쌓을 수 있어야 합니다.

과거에는 많은 사람이 직장에 들어가 평생 안정적인 소득을 얻으며 살아갈 수 있었습니다. 하지만 앞으로는 그러한 안정적이고 보장된 직장이 점점 줄어들 것입니다. 특히 140세까지 살아야 하는 시대에는 평생 여러 가지 직업과 경제활동을 능동적으로 만들어갈 수 있는 능력이 꼭 필요합니다.

경제적 독립을 이루는 데 가장 중요한 것은 돈을 버는 능력, 관리하는 능력, 효율적으로 사용하는 능력, 그리고 자산으로 키워내는 투자 능력입니다. 이제는 이런 능력을 자녀에게 어릴 때부터 정확히 가르쳐야 합니다.

자녀가 경제적 독립을 이루도록 돕는 방법

첫째, 다양한 경제활동의 가능성을 가르쳐주세요.
앞으로는 전통적인 직업만이 아니라 창의적인 활동과 다양한 직업을 만들어내는 능력이 필요합니다. 아이들이 자신만의 관심사와 재능을 활용해 경제적 활동을 할 수 있도록 격려하고, 여러 분야에서 경제적 가치를 창출하는 방법을 알려주세요.

둘째, 실제 경제활동을 경험하게 해주세요.

아이들이 용돈을 직접 관리하고, 스스로 돈을 벌기 위해 간단한 사업이나 프로젝트를 시도하도록 이끌어주세요. 이런 경험을 통해 아이들은 경제적 독립에 대한 자신감을 얻고 실제 사회에서 돈을 다루는 법을 배우게 됩니다.

셋째, 자산과 투자에 대한 현실적이고 구체적인 지식을 알려주세요.

아이들이 어릴 때부터 돈을 단순히 소비하는 데서 그치지 않고, 적절한 곳에 투자해 자산을 늘리는 방법을 배우도록 가르쳐야 합니다. 복리의 원리, 주식과 펀드, 부동산 등 다양한 투자 수단과 전략을 접하게 하여 장기적인 자산 축적의 중요성을 깨닫게 해주세요.

넷째, 리스크 관리 능력을 키워주세요.

경제적 독립을 이루는 데 리스크 관리 능력은 매우 중요합니다. 경제활동을 할 때 발생할 수 있는 다양한 리스크를 예측하고 그에 대비하는 방법을 가르쳐야 합니다. 예측하지 못한 리스크는 모든 것을 앗아갈 수 있습니다. 그래서 때로는 비판적으로 사고하고 판단하는 힘이 꼭 필요합니다.

다섯째, 돈을 현명하게 쓰고 소비하는 능력을 가르쳐주세요.

자신의 소비 습관을 정확히 인지하고 현명한 소비 결정을 내릴 수 있도록 경제적 판단력을 길러줘야 합니다. 합리적인 소비 습관과 절약 습관을 어릴 때부터 형성하도록 도와주세요.

아이들이 경제적 독립을 이룬 후의 삶

아이들이 어릴 때부터 경제적 독립의 중요성을 배우고 이를 실제로 이루게 되면 긴 생애 동안 훨씬 자유롭고 행복한 삶을 살 수 있습니다. 경제적 독립을 이룬 아이들은 타인이나 환경에 의존하지 않고 스스로 삶을 설계하며 살아갈 수 있습니다. 자신이 원하는 일을 선택하고, 원하는 곳에서 살며, 경제적으로 자유롭고 독립적인 삶을 이어갈 수 있게 됩니다.

먼저 조기 취업 경험을 생각해볼 수 있습니다. 최근 여러 대학에서 '계약학과' 제도를 운영하며 실전형 인재를 길러내고 있습니다. 학비는 국가·대학·협약 기업이 각각 3분의 1씩 부담하며, 입학과 동시에 취업처가 정해집니다. 학생은 재학 중 현장 실무를 단계적으로 배우고 졸업과 동시에 공백 없이 업무에 투입됩니다. 기업은 즉시 현장에서 활약할 인재를 얻고 학생과 학부모는 대학 진학과 동시에 안정적인 진로를 확보한다는 점에서 만족도가 높습니다. 제가 운영하는 몇몇 회사에서도 이 제도를 활용하고 있으며 긍정적인 결과를 확인했습니다.

다음은 조기 창업의 가능성을 열어둘 수 있습니다. 재능이 뚜렷한 경우라면 작은 규모라도 이른 시기에 사업을 경험하는 것이 큰 자산이 됩니다. 실제로 다수의 유니콘 기업 창업자들는 청소년기나 대학 시절 소규모 스타트업을 운영하며 문제 해결력과 시장 감각을 키웠습니다. 우리 학교에서 운영 중인 '창업 프로젝트' 수업 역시 전국 단위 창업경진대회 예선을 여러 팀이 통과할 만큼 높은 성과를 내고 있습니다. 창업을 경험한 학생들은 리더십과 자기 주도 학습 능력이 크게 자라며, 이는 결국 경제적 독립과 직결됩니다. 자세한 사례와 방법은 책 뒷부분에서 다룰 예정입니다.

앞으로의 사회에서 아이들이 경제적 독립을 이루는 것은 더 이상 선택이 아닌 필수입니다. 경제적 독립을 이루지 못한 사람들은 긴 인생을 살며 계속해서 사회적, 경제적 어려움에 시달릴 가능성이 높습니다.

부모가 자녀에게 제공할 수 있는 가장 큰 자산은 경제적 독립 능력입니다. 아이들에게 반드시 경제적으로 독립되고 주도적인 삶을 살아갈 수 있도록 지금부터 현실적인 경제 교육을 시작해야 합니다. 긴 생애 동안 아이들이 경제적 자유와 행복을 경험할 수 있도록 부모가 최선을 다해 도와주는 것이야말로 진정한 교육의 완성입니다.

부자들은 자녀에게 절대로 '이런 책'을 읽히지 않는다(충격적 반전)

많은 부모가 자녀를 부자로 키우기 위해 경제 교육 관련 책을 추천하고, 아이들에게 부자가 되는 방법을 다룬 책을 읽히려 합니다. 그러나 세계적으로 이름난 부자들과 실제 경제적 성공을 거둔 사람들은 정작 그런 책을 자녀에게 절대로 읽히지 않습니다. 오히려 그런 책은 멀리하게 하고 완전히 다른 책과 교육 방식을 제공합니다.

그렇다면 부자들이 자녀에게 읽히지 않는 '이런 책'은 무엇일까요? 또 부자들이 실제로 자녀에게 권하는 책과 교육 방식은 무엇일까요? 이번 편에서는 많은 부모가 당연하다고 여기는 경제 교육에 대한 충격적인 반전과 함께, 경제적 성공을 이룬 사람들이 아이들에게 제공하는 특별한 교육 방식을 분명히 알려드리겠습니다.

부자들이 읽히지 않는 책의 정체는?

부모는 자녀가 경제적으로 성공하려면 어릴 때부터 경제 관련 자기계발서나 '부자 되는 법', '백만장자가 되는 비법' 같은 책을 읽어야 한다고 생각합니다. 하지만 세계적인 부자들과 성공한 경제 전문가들은 자녀에게 이런 책을 권하지 않습니다. 이 책들이 단지 '부자가 되는 기술'이나 '돈을 많이 버는 방법'만을 강조하기 때문입니다.

세계적으로 경제적 성공을 거둔 사람들은 돈과 성공을 단순한 기술이나 요령으로 다루는 책이 위험하다고 말합니다. 이런 책은 아이들이 돈과 경제의 본질을 제대로 배우지 못하게 하고, 오히려 돈을 단순히 모아야 할 목표로만 여기게 만들 수 있기 때문입니다.

성공한 부자들이 자녀에게 경제 교육을 할 때 가장 중요하게 생각하는 것은 단순한 돈 버는 기술이 아닙니다. 경제적 사고방식과 철학, 그리고 삶을 바라보는 근본적인 가치관을 세우는 것이 핵심입니다. 그래서 부자들은 자녀에게 표면적으로 돈을 버는 방법만 강조하는 책은 절대 읽히지 않습니다.

부자들이 자녀에게 권하는 진짜 경제 교육 방법

부자들이 자녀에게 권하는 진짜 경제 교육은 철저히 가치 중심적이며 장기적인 관점에서 이루어집니다. 단순히 단기적으로 돈을 버는 방법이 아니라 인생을 주도적으로 설계하고 경제적으로 독립된 삶을 살아가는 데 필요한 근본적인 원칙과 가치관을 가르칩니다.

세계적인 투자자이자 억만장자인 워런 버핏은 자녀에게 경제 교육을 할 때 늘 강조하는 것이 있습니다. 그는 돈 버는 기술이나 단순히 부자가 되는 방법을 배우기 전에 먼저 올바른 가치관과 돈을 다루는 태도를 배우는 것이 훨씬 중요하다고 말합니다. 실제로 워런 버핏이 자녀들에게 가장 먼저 가르치는 것은 돈의 중요성보다 '인성', '성실성', '책임감 있는 태도'입니다.

부자들은 아이들에게 돈을 어떻게 벌 것인가보다 돈을 어떻게 가치 있게 쓰고 활용할 것인가를 더 강조합니다. 돈을 모으는 데 그치지 않고 자신과 타인, 그리고 사회 전체에 긍정적인 영향을 주는 방법을 먼저 배우도록 하는 것이 부자들의 진짜 경제 교육입니다.

부자들이 권하는 경제 교육의 핵심 원칙

부자들이 자녀에게 강조하는 경제 교육의 핵심 원칙은 다음과 같습니다.

첫째, 돈의 목적을 분명히 알게 합니다. 부자들은 돈을 단순히 많이 버는 데 목적을 두지 않습니다. 대신 돈으로 어떤 삶을 살고 싶은지 명확히 인식하게 합니다. 돈 자체가 목적이 아니라 자신의 인생과 꿈을 실현하고 가치 있는 일을 이루는 수단임을 가르칩니다.

둘째, 돈보다 더 중요한 가치를 우선합니다. 성공한 사람들은 자녀에게 인성, 정직성, 책임감, 성실함과 같은 돈보다 더 중요한 가치를 먼저 가르칩니다. 돈을 벌기 전에 먼저 훌륭한 사람이 되어야 한다는 점을 강조합니다.

셋째, 자신만의 경제적 원칙을 세우게 합니다. 아이들이 자신만의 경제적 원칙과 철학을 스스로 세우도록 지도합니다. 부모의 경제적 가치관을 무조건 따르게 하지 않고 아이들이 스스로 돈에 대한 가치관과 원칙을 고민하고 결정하도록 도와줍니다.

넷째, 돈을 책임 있게 관리하고 사용할 줄 알게 합니다. 아이들이 돈을 어떻게 쓰고, 어떻게 모으고, 어떻게 불려야 하는지 구체적으로 배우게 합니다. 올바른 소비 습관, 저축, 투자 방법을 몸에 익혀 경제적 독립을 이루도록 가르칩니다.

다섯째, 돈을 통해 사회에 기여하는 법을 배우게 합니다. 부자들은 돈을 자기만을 위한 도구로 보지 않습니다. 아이들이 돈을 통해 사회에 기여하고 타인을 돕는 경험을 하도록 지도합니다. 돈으로 세상에 긍정적인 변화를 만들 수 있다는 점을 알려줍니다.

부자들이 아이에게 권하는 진짜 책들

부자들이 자녀에게 권하는 책은 흔히 우리가 떠올리는 자기계발서와는 전혀 다릅니다. 워런 버핏은 자녀들의 경제적 지혜를 키우기 위해 주로 고전, 철학, 역사서 등을 권했습니다. 그는 벤저민 프랭클린(Benjamin Franklin)의 자서전, 애덤 스미스(Adam Smith)의 《국부론》, 철학자나 역사적 인물들의 전기를 통해 아이들이 경제적 지식뿐 아니라 삶에 대한 깊은 이해와 통찰력을 갖추도록 했습니다. 저 역시 《오케팅》이라는 책을 집필해, 돈 버는 법을 단순한 기술이 아니라 철학적 관점에서 6편 15계로 나눠 풀어냈습니다.

1편 정신

01계 영혼: 보물선은 보물을 찾지 않는다.

– 대의, 비전을 세워라.

4편 의복

09계 각본: 누가, 왜, 어떻게 그 일을 하는가.

　　　　　– 포지셔닝을 정하고, 시나리오를 만들어라.

10계 요약: 한마디로 모든 것을 증명하라.

　　　　　– 좋은 슬로건과 카피 문구를 만들어라.

5편 무리

11계 소통: 선장으로서 리더십을 발휘하라.

　　　　　– 스스로 믿고, 주변도 굳게 믿도록 만들어라.

12계 출격: 오케팅? 로케팅?

　　　　　– 상품을 테스트하고, 다양한 의견을 반영하라.

6편 경쟁

13계 광고: 신나게 팔아라. 보물을 찾아라.

　　　　　– 광고 채널과 예산을 설계하고, 분배하라.

14계 분석: 뭐가 됐든, 닻을 올려라.

　　　　　– 결과를 예측·분석하고, 후기에 대응하라.

15계 점검: 항해는 계속되어야 한다.

　　　　　– 기존 전략을 점검하고, 다시 시작하라.

저는 많은 아이가 부자로 성장하길 바라는 마음으로 이 이론을 청소년용으로 풀어낸 《특별한 내가 될래요》라는 책을 추가로 집필했습니다. 감사하게도 이 책은 '2022 청소년 교양 도서'의 '종교, 철학' 부문에 선정되어 전국의 학교, 대학교, 도서관에 배포되었습니다.

유대인 부모들 역시 자녀에게 단순한 돈 관련 책보다 《탈무드》와 같은 전통 지혜서와 철학서를 읽힙니다. 또 《삼국지》와 같은 책을 통해 전쟁 속에서 발휘되는 지도력과 사회성 등 삶의 본질적인 가치를 먼저 이해하도록 합니다. 이런 책들은 단지 돈을 버는 기술이 아니라 삶을 대하는 태도, 올바른 가치관, 돈을 지혜롭게 다루는 방식을 깊이 있게 전해줍니다.

충격적 반전:
아이들이 읽어야 할 진짜 책은 자기계발서가 아니다

많은 부모는 아이들이 부자가 되려면 경제 서적이나 자기계발서를 먼저 읽어야 한다고 생각합니다. 그러나 진정한 부자들은 아이들에게 그런 책 대신 전혀 다른 책을 권합니다. 오히려 철학, 역사, 고전과 같은 깊이 있는 책을 통해 삶의 진정한 가치를 깨닫고, 돈과 경제를 올바르게 다루는 법을 배우도록 이끌어줍니다. 해당 분야에 흥미가 없거나 이해력이 떨어진다면 타인을 도왔을 때 생기는 이점을 가르쳐주어 세상에 보탬이 되는 삶을 살고 싶도록 동기를 부여합니다.

아이들이 이런 책을 어렵게 느낀다면 봉사 활동이나 협동 프로젝트를 함께 경험하도록 해 타인을 돕는 기쁨을 먼저 맛보게 합니다. 세상에 보탬이 되고 싶다는 내적 동기가 생기면 이후 경제 지식과 부의 기술은 스스로 배우고자 하는 힘으로 따라옵니다.

요컨대 아이들이 읽어야 할 진짜 책은 부자들이 강조하는 것처럼 돈을 버는 기술을 강조하는 책이 아닙니다. 돈을 어떻게 활용하고, 삶을 어떻게 살아갈지에 대한 근본적인 가치관을 형성할 수 있는 책이어야 합니다. 이제는 부자들이 피했던 책 대신 아이들에게 삶의 가치와 철학을 세워줄 수 있는 책을 읽히고, 돈과 경제를 대하는 올바른 태도를 익히게 해야 합니다. 그것이 아이를 진정한 부자이자 의미 있는 삶을 살아가는 사람으로 이끄는 가장 중요한 길입니다. 여러분의 아이가 경제적 독립을 이루고 스스로 삶을 개척할 수 있도록 지금 올바른 교육을 시작하십시오. 그것이 부모가 남길 수 있는 가장 큰 자산이자, 아이가 평생을 주도적으로 살아가게 하는 열쇠입니다.

"

**돈과 명예, 그리고 존경이라는 보물은
그릇이 커야 더욱 많이 담을 수 있다.**

"

by 오두환

1% 천재를 키우는 '7단계 교육법'

5장 프롤로그

왜 일곱 단계 중 한 단계도 건너뛸 수 없는가

아이가 처음 한글을 배울 때부터 갑자기 어려운 책을 읽을 수는 없듯이, 초등 수학을 제대로 이해하지 못한 채 미적분에 도전할 수 없습니다. 그러므로 배움에는 반드시 지켜야 할 순서가 있습니다. 저는 지난 15년 동안 공교육과 대학, 기업, 대안교육 현장을 오가며 수백 명의 아이들, 심지어 성인들조차 교육 단계에서 단 한 단계를 건너뛰었을 때 어떤 대가를 치르는지 지켜보았습니다. 기초가 채워지지 않은 채 위에 새로운 지식을 올려놓으면 어느 순간 건물이 흔들리듯 아이의 자존감과 학습 의욕도 무너졌습니다. 반대로 단계별 토대를 정확히 다진 아이는 놀라운 속도로 자신의 한계를 돌파했습니다.

'7단계 교육법'은 이런 경험적 통찰과 학술적 근거를 결합해 만든 자녀 인생 설계 성장 로드맵입니다. 1단계 '영재 단계'에서 7단계 '사관 단계'까지 한 단계라도 누락되면 다음 단계로 올라갈 수 없습니다. 단계마다 필요한 심리적 준비도, 뇌 과학적 조건도, 학습 환경도 서로 다르기 때문입니다. 5장은 바로 그 일곱 단계의 설계도를 한눈에 보여 드리는 장입니다.

각 단계에서 여는 결정적 문

첫째, 영재 단계는 다중지능 이론과 심층 상담으로 아이 안에 숨어 있는 재능의 자물쇠를 풉니다. 실존적 지능까지 확장된 아홉 갈래 지능 가운데 무엇이 빛나는지 알아내야만 진짜 천재성을 발견할 수 있습니다.

둘째, 탐색 단계에서는 초록색 파장이 두뇌 깊숙이 퍼집니다. 아이가 처음으로 스스로 선택한 주제에 몰두할 때 두뇌는 도파민 보상 회로를 가동하며 새로운 연결을 폭발적으로 만들어냅니다. 그 과정에서 진로를 스스로 확신하게 됩니다.

셋째, 몰입 단계에 들어서면 칙센트미하이 교수가 밝힌 몰입 상태가 실험실의 개념을 넘어 생활의 일상으로 자리 잡습니다. 아이는 목표가 분명하고 난이도가 적절한 과제 앞에서 시간 감각을 잊고 공부에 빠져 듭니다.

넷째, 실습 단계는 존 듀이가 강조한 경험 중심 교육을 그대로 구현합 니다. 교실 밖 현장에서 아이는 오감으로 배움을 흡수하며 추상 개념 을 생활 속 기술로 바꿉니다.

다섯째, 성과 단계에서는 프레네 교육학이 말하는 단 한 사람, 곧 아 이의 마음을 열어 줄 교사를 만납니다. 성취를 측정할 척도보다 동기 를 지켜주는 관계가 먼저입니다.

여섯째, 혁신 단계는 세인트존스대학교(St. John's University)식 독 서 기반 학습법으로 평생 학습의 엔진을 장착합니다. 깊이 있는 독서 와 토론, 글쓰기를 통해 아이는 스스로 지식을 갱신하는 능력을 갖추 게 됩니다.

마지막 **일곱째, 사관 단계**에서 세계 10위권 대학들이 채택한 프로젝 트 기반·문제 해결 중심 교육을 통합합니다. 이 단계에서 아이는 글로 벌 무대에서 통하는 실무 역량과 리더십을 완성합니다.

하나, 지금 우리 아이는 자기 재능이 어디에 있는지 분명히 말할 수 있습니까?

하나, 학교 성적이 아닌 스스로 세운 목표에 몰입해본 경험이 있습니까?

하나, 앞으로 100년을 살아갈 세상에서 배움을 끊임없이 재설계할 능력을 갖추고 있습니까?

이 세 가지 질문 중 하나라도 확신할 수 없다면 7단계 교육법은 선택이 아니라 필수입니다. 각 단계는 독립된 강좌가 아닌 유기적으로 연결된 터널과 같습니다. 중간에서 방향을 잃으면 다음 출구를 찾기 어렵습니다. 그러나 출구를 하나씩 통과할 때마다 아이는 더 넓은 시야와 더 깊은 사고력을 얻게 됩니다.

왜 지금이 '단계 설계'를 시작할 최적의 순간인가

뇌의 가소성은 청소년기 후반부터 급격히 감소합니다. 영재와 탐색 단계를 초등·중등·고등 시기에 통과하지 못하면 나중에 몇 배의 시간과 비용을 투입해도 같은 효과를 얻기 어렵습니다. 대학 입시 제도도 빠르게 변하고 있습니다. 정답을 맞히는 능력보다 문제를 정의하고 해결책을 설계하는 능력이 요구됩니다. 이는 사관 단계까지 경험해야 비로소 길러집니다.

평균 수명 100세 시대에는 한 번 배운 지식으로 평생을 버틸 수 없습니다. 혁신 단계에서 독서 기반 학습을 몸에 익혀야만 평생 학습자가 될 수 있습니다. 지금 시작하지 않으면 내년에는 더 늦습니다. 아이의 두뇌는 기다려 주지 않습니다.

따라서 부모의 역할, 두 가지만 꼭 기억하십시오. **첫째, 단계마다 필요한 환경적 자극을 설계하세요.** 질문이 필요한 단계에는 질문을, 현장이 필요한 단계에는 현장을 제공해야 합니다. **둘째, 아이가 넘어지는 순간을 실패가 아니라 데이터로 해석하세요.** 7단계는 직선이 아니라 나선형 계단입니다. 한 층을 오르다 다시 돌아볼 기회가 오면 그때의 성찰이 다음 도약의 발판이 됩니다.

이제 5장에서는 영재 단계에서 사관 단계까지 일곱 개의 문을 차례로 통과하는 여정을 안내할 것입니다. 각 단계가 열리는 구조적 원리, 적용 방법, 실제 학생들의 사례를 담았습니다. 사례는 우리 학교뿐 아니라 국내외의 특별한 사례도 함께 소개했습니다. 또 가정에서 바로 실천할 수 있는 '체크리스트'도 실었습니다.

페이지를 넘길 때마다 여러분의 자녀는 한 걸음씩 1% 천재에 가까워질 것입니다. 학습의 순서를 지키는 것, 그것이야말로 아이의 두뇌를 가장 안전하고도 빠르게 성장시키는 길입니다. 지금부터 5장을 통해 그 순서를 함께 설계해보겠습니다.

1단계: 영재 단계
하버드대 다중지능 이론이 말하는
아이의 숨겨진 천재성 발견법

이제부터 아이의 숨겨진 천재성을 발견하는 방법에 대해 본격적으로 이야기하려 합니다. 아이들은 학교에 들어가기 전까지 저마다 다양한 관심과 호기심을 보입니다. 그러나 학교에 들어가고 시간이 흐를수록 많은 아이가 자신이 가진 독특한 능력을 발견하기보다 오히려 그것을 잃어버리는 경우가 많습니다. 학교라는 틀 안에 갇혀 주어진 교과목과 학습만을 따라가기 때문입니다. 그렇다면 우리 아이가 가진 고유한 재능과 천재성을 어떻게 찾을 수 있을까요? 영재 단계는 자신의 강점 기능과 숨은 달란트(재능)를 찾는 단계입니다.

해답은 하워드 가드너의 '다중지능 이론'에 있습니다. 이 이론은 인간의 지능을 단순히 IQ와 같은 단일한 기준으로만 평가할 수 없다고 말합니다. 모든 사람이 최소 아홉 가지 서로 다른 지능을 지닌다는 주장입니다. 이제 다중지능 이론을 바탕으로 아이의 숨겨진 달란트와 천재성을 어떻게 발견할지 살펴보겠습니다. 아울러 최근 추가된 '실존적 지능'을 우리 학교의 기독교적 가치와 어떻게 연결해 설명할 수 있는지도 깊이 탐구해보겠습니다.

다중지능 이론의 아홉 가지 지능

하워드 가드너 교수는 1983년 처음 다중지능 이론을 발표할 때 일곱 가지 지능을 소개했습니다. 이후 여덟 번째 지능인 '자연친화 지능'을 추가했고, 최근에는 아홉 번째 지능인 '실존적 지능'을 제안했습니다. 현재 다중지능 이론은 총 아홉 가지 지능으로 확장된 상태입니다. 앞에서 언급했지만 이해를 돕기 위해 다시 정리하면 아홉 가지 다중지능은 다음과 같습니다.

- **언어 지능**

  언어로 생각과 감정을 효과적으로 표현하는 능력
- **논리수학 지능**

  논리적이고 분석적 사고로 문제를 해결하는 능력

- **공간 지능**

  시각적·공간적 사고와 상상력이 뛰어난 능력

- **신체운동 지능**

  신체를 이용해 문제를 해결하거나 표현하는 능력

- **음악 지능**

  음악적 소질과 감수성을 가지고 소리와 음악을 이해하는 능력

- **대인관계 지능**

  타인의 감정을 잘 이해하고 사람들과 소통하는 능력

- **자기이해 지능**

  자기 자신을 이해하고 내적 상태를 잘 관리하는 능력

- **자연친화 지능**

  자연환경과 생태계를 민감하게 인지하고 이해하는 능력

- **실존적 지능**

  삶의 본질적 의미와 존재 이유 같은 철학적이고 영적인 질문에 민
  감하게 반응하고 깊이 탐구하는 능력

특히 새롭게 제안된 '실존적 지능'은 인간의 존재 목적과 삶의 의미, 우주와 생명에 관한 근본적 질문과 연결된 능력입니다. 아직 논쟁은 있지만, 최근에는 인간이 가진 고차원적 사고와 영적 탐구 능력을 나타내는 중요한 지능으로 인정받고 있습니다.

실존적 지능의 의미와 중요성

가드너 교수가 추가한 실존적 지능은 '나는 왜 존재하는가', '삶의 목적은 무엇인가', '죽음 이후에도 무엇이 남는가'와 같은 근본적 질문을 다루는 능력을 말합니다. 이 지능은 철학자, 종교 지도자, 사상가에게서 두드러지게 나타나며 개인에게 깊은 통찰과 분명한 삶의 방향을 제시합니다. 최근 연구에 따르면 실존적 질문에 꾸준히 몰입한 사람은 삶의 만족도와 회복 탄력성이 높다는 결과도 확인되었습니다.

제가 설립한 국제혁신영재사관학교 역시 실존적 지능을 중요한 교육 요소로 삼고 있습니다. 분야별 전문성을 갖춘 목사 네 분이 정규 수업에 참여해 특정 종교의 색을 강조하기보다 중립적 관점에서 명상과 기도를 지도합니다. 목표는 학생 스스로 존재 의미를 찾도록 돕는 것입니다. 이를 위해 별도로 마련한 명상실, 일명 '굴방'에서 학생들은 정해진 시간 동안 조용히 자기와 대화하거나 교사와 함께 재능을 점검합니다.

처음에는 적막이 낯설어도 서서히 호흡이 고르게 맞춰지면 한두 시간이 훌쩍 지나갑니다. 때로는 명상 중에 잠이 들기도 하지만 반복되는 체험 속에서 대부분은 자신의 강점과 관심사를 언어로 정리해내기 시작합니다. 이는 긍정심리학에서 말하는 '자기 초월 경험'과 맞닿아 있으며, 학자들이 강조하는 깨달음의 단계와도 일치합니다.

과학적 연구 역시 실존적 지능의 존재를 뒷받침합니다. 인간이 삶의 본질적 의미를 탐구하고 자신의 삶에 분명한 목적과 가치를 설정할 때 더 높은 삶의 질과 행복을 누린다는 사실이 확인되었습니다. 특히 변화가 빠른 현대 사회일수록 삶의 본질적 질문에 답할 수 있는 능력은 더욱 중요한 자산이 됩니다.

기독교적 교육에서는 인간의 존재 목적과 삶의 이유, 인생의 궁극적 목표를 분명하게 제시합니다. 아이들은 단순히 지식을 배우는 데 그치지 않고 "나는 왜 태어났을까", "삶의 목적은 무엇일까" 같은 근본적인 질문을 탐구하며 성장합니다. 이는 곧 실존적 지능이 활성화되는 과정과 정확히 일치합니다.

우리 학교에서 아이들이 실존적 지능을 기르는 경험은 단순히 철학적 사고 능력의 확장이 아닙니다. 자신의 인생을 더욱 명확하게 바라보고 삶의 목적을 설정하는 데 중요한 토대가 됩니다. 아이들은 자신이 어떤 삶을 살아야 하는지 명확히 이해하고 이를 바탕으로 더 강력한 동기와 목표 의식을 가지고 학습에 몰입할 수 있습니다.

우리 학교가 제시하는 '7단계 교육법'의 첫 단계인 영재 단계에서 아이들은 "나는 누구인가", "왜 존재하는가"와 같은 근본적인 질문을 탐구하며 실존적 지능을 발견하고 키워갈 수 있습니다. 이 단계에서 아이들이 경험하는 활동은 다음과 같습니다.

첫째, 철학적·영적 질문 던지기

아이들은 자신이 왜 존재하는지, 삶의 목적은 무엇인지, 세상에 어떤 긍정적인 영향을 미칠 수 있는지 등에 대한 철학적이고 영적인 질문을 꾸준히 던지고 고민합니다. 이를 통해 삶을 더 명확히 이해하고 방향을 스스로 설정할 수 있습니다.

둘째, 철학·영성 중심 독서 활동

성경과 고전, 영적·철학적 주제를 다루는 책을 읽으며 존재와 삶의 본질적 질문을 탐구합니다. 독서를 통해 실존적 지능이 자극됩니다.

셋째, 깊은 대화와 토론

교사와 동료들과 함께 삶의 의미와 존재 목적에 대해 깊은 토론과 대화를 나누며 자기 생각을 발전시키고 확장합니다. 이를 통해 자신과 타인의 존재 의미에 대해 더 깊은 이해를 얻게 됩니다.

넷째, 삶의 목적을 담은 비전 세우기
자기 삶의 목적과 비전을 구체적으로 세우고 이를 명확히
표현합니다. 이 과정에서 아이들은 자신의 존재 목적과 삶
의 방향성을 명확히 이해하고, 자기 자신에 대한 강력한
신념과 믿음을 갖게 됩니다.

1% 천재가 되는 첫 번째 단계, 실존적 지능의 힘

아이들이 타고난 달란트에 더해 실존적 지능까지 활성화하면 자기
자신을 더 깊이 이해하고 삶의 목적을 분명히 세울 수 있습니다. 삶에
대한 분명한 목적과 의미를 갖게 되면서 강력한 학습 동기와 몰입을 경
험할 수 있습니다. 이런 경험이 반복되면 평범했던 학생도 뛰어난 천
재로 변하게 됩니다.

따라서 아이의 천재성을 여는 첫 단계는 자기 자신을 깊이 탐구하고
삶의 본질적 질문에 답을 찾는 '실존적 지능'을 활성화하는 것입니다.
우리 학교의 기독교적 교육 환경과 결합된 실존적 지능 훈련은 아이들
이 삶의 목적을 명확히 하고 주도적으로 인생을 설계하도록 이끌며,

뛰어난 천재성을 발휘할 수 있는 중요한 기반이 됩니다. 이제 우리 아이들에게 실존적 지능을 키우고, 진정한 천재로 자라날 수 있는 교육을 제공해야 할 때입니다.

"

상위 네 가지 다중지능 조합의 형태는
사람의 지문이나 관상처럼 모두 다르다.

"

by 오두환

2단계: 탐색 단계
뇌 과학자들이 발견한
아이 두뇌의 놀라운 '초록색 파장'

호기심이 커지면 두뇌에 특정 신호가 나타납니다. 아이들이 자신의 달란트와 숨겨진 천재성을 발견한 후, 진짜 중요한 것은 자신이 발견한 분야를 더 깊이 탐색하고 자신과의 연결성을 확인하는 과정입니다. 이를 우리는 '탐색 단계'라고 부릅니다. 이 단계에서 아이는 관심 분야의 직무를 유튜브, 책, 현장 자료를 통해 들여다보고 자신에게 맞는지 검증합니다. 탐색 단계는 호기심을 흥미로, 흥미를 몰입으로 끌어올리는 다리 역할을 합니다.

아이들이 탐색 단계에서 경험하는 가장 놀라운 현상 가운데 하나는 두뇌에서 나타나는 독특한 신경적 변화입니다. 뇌 과학에서 실제로 뇌파를 색으로 구분하지는 않지만, 이 책에서는 편의상 '초록색 파장

(green wave)'이라는 명칭을 사용하겠습니다. 여기서 말하는 '초록색 파장'은 아이가 스스로 탐색하고 질문할 때 깨어나는 도파민-해마-전전두엽 네트워크의 활성 상태를 가리키는 비유입니다. 호기심이 높아지면 중뇌의 보상 회로가 작동하고, 해마(기억)와 전전두엽(계획·문제 해결)의 연결이 강화됩니다. 그래서 같은 정보를 접해도 더 잘 기억하고 더 깊이 사고할 수 있습니다. 반대로 스트레스가 높거나 과부하가 걸리면 편도체가 과도하게 반응해 탐색이 멈추는 '적색 경보' 상태가 됩니다.

아이 두뇌의 '초록색 파장'이란 무엇인가?

최근 뇌 과학자들이 발견한 '초록색 파장'은 아이들이 진정으로 좋아하는 활동과 관심 분야를 탐구할 때 나타나는 특수한 뇌파입니다. 정밀한 뇌파 측정 기술을 통해 아이들이 자신이 흥미를 느끼는 주제에 몰입할 때 두뇌에서 특유의 초록색 파장이 더 진해진다는 것이 밝혀졌습니다.

초록색 파장은 아이들이 즐거움과 호기심을 느끼고, 창의적인 사고를 할 때 활성화되는 뇌의 특정 영역에서 관찰됩니다. 특히 이 파장이 나타날 때 아이들의 두뇌는 일반적인 상태보다 훨씬 더 높은 집중력과 창의적 사고력을 발휘하는 것으로 알려졌습니다.

이는 단순히 학습에 흥미를 느끼는 정도를 넘어, 아이들이 스스로 선택한 분야를 깊이 탐구하기 시작할 때 두뇌가 강한 집중과 몰입 상태로 들어간다는 것을 뜻합니다. 초록색 파장은 두뇌가 주도적으로 작동하며 이전보다 훨씬 더 효율적이고 창의적으로 학습을 시작한다는 신호라 할 수 있습니다.

초록색 파장이 나타나는 원리와 배경

뇌 과학 연구자들은 이 초록색 파장의 발현 원리를 오랫동안 연구해 왔습니다. 최근 여러 연구에 따르면 초록색 파장은 인간의 뇌에서 '즐거움', '보상', '창의적 사고'를 담당하는 특정 신경 회로가 활성화될 때 뚜렷하게 나타난다고 합니다.

이 초록색 파장은 두뇌의 도파민 시스템과 밀접하게 연결되어 있습니다. 도파민은 인간의 뇌에서 즐거움과 만족감을 느끼게 하는 신경 전달 물질입니다. 아이들이 자신이 좋아하는 분야를 깊이 탐구할 때 도파민 분비가 증가하고 이는 곧 초록색 파장의 활성화로 이어집니다.

더 중요한 사실은 초록색 파장이 나타날 때 두뇌는 새로운 신경 회로를 형성하고 더욱 강력하고 복잡한 사고력을 발휘할 수 있게 된다는 점입니다. 즉, 아이들이 자신의 관심 분야를 탐색하며 흥미를 느낄 때 두뇌는 스스로 성장을 촉진하며 새로운 학습 능력을 갖추게 되는 것입니다.

탐색 단계에서 아이들이 경험하는 두뇌 변화

탐색 단계에 들어선 아이들은 자신이 발견한 분야에 더욱 깊이 몰입하고 집중하게 됩니다. 아이들이 선택한 분야에 대해 더 많은 책을 읽고, 더 다양한 자료를 조사하고, 실제 현장에서 일어나는 영상을 활용합니다. 이때 두뇌에서는 초록색 파장이 활발히 나타나 전보다 훨씬 더 능동적으로 작동하기 시작합니다.

탐색 단계의 아이들은 놀라운 집중력과 호기심을 보입니다. 자신이 흥미를 느끼는 분야에서는 작은 세부 사항까지 놓치지 않고 탐구하며 이해하려고 합니다. 기존의 학교 수업에서는 보기 어려웠던 능동적인 학습 태도가 자연스럽게 드러나는 것입니다.

이러한 두뇌 변화는 단순한 순간적 현상에 그치지 않습니다. 지속적인 학습 습관과 학습 태도를 형성하게 됩니다. 아이들은 자신이 선택한 분야에서 더욱 깊은 몰입과 높은 수준의 집중력을 발휘하며, 끊임없이 새로운 지식을 얻고 사고를 확장하게 됩니다.

탐색 단계에서 중요한 것은 도전하려는 분야가 자신의 재능과 적성에 실제로 맞는지를 점검하는 일입니다. 충분한 체험을 통해 흥미의 지속성, 학습 속도, 피로감 대비 만족감 등을 확인한 뒤 적합하지 않다고 판단되면, 주저하지 말고 1단계인 영재 단계로 돌아가 강점과 관심사를 재진단해야 합니다. 이 회귀 과정은 실패가 아니라 더 나은 선택을 위한 최적화 과정입니다.

이 점검을 건너뛰면 성인이 되어서 방향을 바꾸거나, 내키지 않는 일을 억지로 이어갈 가능성이 커집니다. 실제 여러 현장에서도 적성과 맞지 않는 분야에 매달린 채, 이미 들인 시간과 비용이 아까워 버티다가 삶의 만족도가 크게 떨어지는 경우가 많습니다. 결국 은퇴 시점에 깊이 후회하는 사람들도 적지 않습니다.

초록색 파장을 활성화하는 방법

아이의 두뇌에서 초록색 파장을 활성화하려면 어떻게 해야 할까요? 부모와 교사가 할 수 있는 구체적인 방법은 다음과 같습니다.

첫째, 다양한 선택의 기회를 주세요.
아이들이 정말 흥미를 느끼는 분야를 발견하려면 여러 경험이 필요합니다. 다양한 분야의 책과 자료, 현장 경험을 통해 아이가 무엇에 가장 큰 흥미와 관심을 느끼는지 발견하도록 도와주세요.

둘째, 아이들의 질문과 탐구를 존중해주세요.

아이들이 던지는 질문을 가볍게 넘기지 말고 함께 고민하며 답을 찾아가세요. 아이가 스스로 호기심을 풀어갈 때 두뇌의 초록색 파장이 강하게 빛납니다.

셋째, 실제 경험에서 현실적인 문제를 해결하도록 격려해주세요.

교실 밖에서 직접 부딪히고 문제를 해결하는 경험이 필요합니다. 현실의 문제를 발견하고 답을 찾는 과정에서 두뇌는 가장 활발히 작동합니다.

넷째, 몰입 시간을 지켜주세요.

아이들이 좋아하는 분야에 깊이 빠져들면 그 흐름을 끊지 마세요. 몰입 시간이 충분히 쌓일수록 두뇌는 더 깊고 단단하게 성장합니다.

초록색 파장이 만들어낸 아이들의 놀라운 변화 사례

90일간 학교 밖에서 탐구 활동을 한 아이들의 두뇌에서는 초록색 파장의 효과가 뚜렷하게 드러났습니다. 한 초등학생은 로봇공학에 흥미를 느껴 매일 로봇공학 관련 책을 읽고, 로봇 센터를 방문하고, 코딩을 배우고 로봇 제작을 체험했습니다. 그 결과 학습 능력, 집중력, 창의력은 이전과 비교할 수 없을 만큼 향상되었습니다.

이처럼 아이가 스스로 선택한 분야를 깊이 탐색하고 몰입할 때 두뇌에서 초록색 파장이 나타나며, 그 과정에서 두뇌가 더 빠르고 창의적으로 성장하게 됩니다.

1% 천재가 되는 진짜 비결, 바로 '탐색 단계'에 있다

아이들이 흥미를 느끼는 분야를 스스로 찾아내고 깊이 탐구하는 탐색 단계는 1% 천재로 성장하는 데 가장 중요한 과정입니다. 아이들이 몰입하며 탐구할 때 두뇌는 놀라운 속도로 진화하고 변화합니다. 특히 초록색 파장이 나타나는 시기에는 평소에는 불가능했던 창의적이고 복잡한 사고력이 발휘됩니다.

이제 부모와 교사가 해야 할 가장 중요한 일은 아이들이 탐색 단계를 충분히 경험할 수 있도록 환경과 기회를 만들어주는 것입니다. 단순히 지식을 주입하는 것이 아니라 아이들이 스스로 탐구하고 몰입하며 배우도록 돕는 것이 핵심입니다.

특히 '메타 인지', 즉 전지적 작가의 시선으로 자신을 한발 떨어져 바라보는 훈련이 필요합니다. 상상 속에서 다양한 장면을 그려보고,

겉으로 드러나는 흥미로운 부분을 간접적으로 경험해보는 과정은 매우 중요합니다. 이런 간접 경험을 통해 아이는 자연스럽게 다음 단계로 나아가기도 하고, 흥미가 줄어들어 다른 길을 선택하기도 합니다.

이 과정에서는 부모와 교사가 영상이나 관련 분야 전문가의 책 등을 함께 탐색하며 아이의 관심을 넓혀주는 것이 좋습니다. 만약 특정 분야가 아이의 재능과 맞지 않는다고 느껴진다면 다시 영재 단계로 돌아가 강점과 관심사를 찾아야 합니다.

이 과정을 거치며 아이들의 두뇌는 더욱 강력하고 창의적인 사고력을 발휘하고, 평범한 학생에서 뛰어난 천재로 성장할 것입니다. 아이들의 미래는 바로 지금 우리가 어떤 선택을 하느냐에 달려 있습니다. 지금부터 탐색 단계의 교육을 적극적으로 실천해 아이들이 자신만의 분야에서 진정한 천재로 성장하도록 도와주세요.

> **"**
>
> 10년 뒤 행복한 나를 상상할 수 없다면
> 10년 뒤 행복한 나는 존재할 수 없다.
>
> **"**
>
> by 오두환

3단계: 몰입 단계
칙센트미하이 교수의 몰입 이론,
하루 종일 공부만 하고 싶어지는 이유

여러분은 아이가 하루 종일 공부만 하고 싶어 하는 모습을 상상해 본 적이 있나요? 아이가 놀고 싶어 하거나 게임을 하고 싶어 하는 모습은 익숙하지만, 스스로 공부하고 싶어 하는 모습은 쉽게 떠오르지 않을 것입니다. 하지만 우리가 자녀의 진짜 천재성을 키워주기 위해서는 아이가 '공부를 즐기는 상태', 즉 '몰입' 상태에 들어가도록 해줘야 합니다.

탐색 단계에서 꿈을 찾고 나면 마음은 앞서는데 실력은 부족한 시기가 찾아옵니다. 이른바 이루고 싶다는 결핍과 갈망의 상태에 접어드는 것입니다. 이때 몰입 단계로 자연스럽게 이어지지 못하고 성장 없이 제자리걸음이 계속되거나, 하고 싶어도 할 수 없는 상황이 반복되면 결국 목표를 포기하고 싶어지게 됩니다.

몰입이라는 개념을 최초로 제시한 미하이 칙센트미하이 교수는 인간이 가장 행복하고 효율적으로 일을 할 때 나타나는 심리적 상태가 바로 몰입 상태라고 말합니다. 칙센트미하이는 수십 년간의 연구를 통해 몰입이 인간의 삶과 성장에 매우 중요한 역할을 한다고 강조했습니다. 몰입 상태에 빠지면 사람은 시간과 공간을 잊고 온전히 자신이 하는 일에 깊이 집중하며, 엄청난 창의성과 효율성을 발휘하게 됩니다.

이번 편에서는 아이들이 왜 몰입 상태에 빠져 하루 종일 공부만 하고 싶어 하는지, 몰입 상태가 두뇌에 어떤 놀라운 영향을 미치는지, 그리고 아이들이 스스로 몰입 상태에 들어갈 수 있도록 돕는 구체적인 방법은 무엇인지 자세히 알아보겠습니다.

몰입이란 무엇인가?

칙센트미하이 교수는 몰입을 '자신이 하는 일에 완전히 집중하여, 그 일 자체가 주는 즐거움과 만족감을 경험하는 상태'라고 정의합니다. 몰입 상태에서는 자신이 하는 일이 어렵게 느껴지지 않고 오히려 즐겁고 보람차게 느껴집니다. 몰입을 경험하는 사람들은 시간이 어떻게 흘러가는지조차 인지하지 못하며 깊은 집중력과 창의성을 발휘하게 됩니다. 칙센트미하이는 몰입 상태를 이루는 핵심 요소로 다음과 같은 조건을 제시합니다.

첫째, 목표가 명확해야 합니다. 사람들은 자신이 추구하는 목표가 명확할 때 몰입 상태에 쉽게 빠집니다. 아이들이 자신이 무엇을 배우고 탐구해야 하는지 명확히 이해하고 목표를 가지게 되면 자연스럽게 몰입이 이루어집니다.

둘째, 과제의 난이도가 적절해야 합니다. 과제가 너무 쉬우면 지루하고, 너무 어려우면 불안감을 느낍니다. 몰입 상태는 적당히 도전적인 과제를 수행할 때 가장 잘 나타납니다. 아이들이 도전 욕구를 느끼고 성취감을 경험할 수 있는 난이도를 설정해주는 것이 중요합니다.

셋째, 피드백이 즉각적이고 분명해야 합니다. 자신이 한 일의 결과를 바로 확인하고 피드백을 받을 때 몰입에 빠질 수 있습니다. 아이는 학습 과정에서 자신의 진척 상황을 정확히 알고 성과와 발전을 체감할 때 더 깊이 집중하게 됩니다.

이 세 가지 조건이 충족되면 아이들은 자연스럽게 몰입 상태에 들어갑니다. 이때 뇌에서는 도파민 같은 신경전달물질이 분비되어 만족감과 행복감을 크게 느끼게 됩니다. 학습은 더 깊고 효율적으로 진행되며 아이는 진정한 성취감을 경험하게 됩니다.

몰입 상태에서 아이 두뇌가 보여주는 놀라운 변화

최근 뇌 과학 연구에 따르면 몰입 상태에 빠진 사람의 두뇌에서는 매우 특별한 변화가 나타납니다. 전두엽을 비롯한 여러 영역이 동시에 활성화되면서 두뇌는 평상시보다 훨씬 높은 효율성과 집중력을 발휘합니다. 연구자들이 확인한 주요 특징은 다음과 같습니다.

먼저 뇌의 특정 영역이 활성화됩니다. 몰입 상태에서는 창의적 사고와 문제 해결을 담당하는 전두엽이 활발히 작동하는데, 이 영역은 복잡한 문제를 해결하고 창의적으로 사고하는 데 가장 중요한 역할을 합니다.

다음으로 도파민 분비가 늘어납니다. 몰입 상태에 빠진 두뇌는 즐거움과 만족감을 주는 신경전달물질인 도파민을 더 많이 분비합니다. 도파민은 학습 의욕을 높이고 장시간 집중할 수 있는 힘을 줍니다.

마지막으로 신경 연결이 강화됩니다. 몰입을 경험할 때 두뇌는 새로운 신경 회로를 만들고 기존의 연결을 더 단단하게 합니다. 이 과정은 아이들이 복잡한 사고와 깊이 있는 학습 능력을 기르는 데 큰 도움이 됩니다.

이처럼 몰입 상태에서 일어나는 두뇌의 변화는 아이들에게 탁월한 학습 효과와 성취감을 안겨줍니다. 실제로 몰입을 자주 경험하는 아이들은 일반적인 학습 상황보다 훨씬 높은 성과와 창의성을 발휘하며,

장기적으로도 뛰어난 결과를 만들어냅니다.

아이가 몰입 상태에 들어가도록 돕는 방법

아이가 몰입을 경험하려면 구체적인 환경과 조건을 마련해주는 것이 중요합니다. 아이가 몰입 상태를 자주 경험할 수 있도록 부모와 교사가 도와줄 수 있는 구체적인 방법은 다음과 같습니다.

첫째, 좋아하고 관심을 느끼는 분야에서 배우게 하세요.
몰입은 흥미와 관심이 있는 주제에서 가장 쉽게 일어납니다. 아이가 스스로 학습 주제를 선택하고 좋아하는 분야를 깊이 탐구하도록 기회를 열어주세요.

둘째, 적절한 도전 과제를 제시하세요.
너무 쉽지도 어렵지도 않은 적당한 난이도의 과제를 수행하게 하세요. 도전 의욕을 자극하면서도 성취감을 느낄 수 있는 과제를 주면 몰입 상태가 쉽게 나타납니다.

셋째, 학습 결과를 직접 확인하고 피드백을 받을 수 있게 해주세요.
아이들이 자신의 진척 상황을 확인하고 즉각적인 피드백을 받을 수 있도록 해주세요. 스스로 발전하는 모습을 확인할 때 더욱 강력한 몰입 상태에 빠질 수 있습니다.

넷째, 학습에 집중할 수 있는 환경을 만들어주세요.
몰입은 방해받지 않고 학습에 집중할 수 있는 환경에서 가장 잘 나타납니다. 아이가 학습에 온전히 집중할 수 있도록 조용하고 쾌적한 공간을 마련해주세요. 이렇게 안정된 환경이 주어질 때 아이들은 몰입에 깊이 빠져들며 학습 효과도 극대화됩니다.

이 방법들을 실제 교육 현장에 적용하기 위해 우리 학교는 일반 학교와 다른 운영 방식을 도입했습니다. 수업 중간에 종을 울리지 않는 것입니다. 아이들의 두뇌는 조건만 맞으면 2~3시간 이상 안정적으로 집중하고 몰입할 수 있습니다. 많은 분이 독서나 프로젝트를 할 때 최소 2~3시간, 길게는 5시간 이상 깊게 빠져본 경험이 있을 것입니다. 그런데 40분마다 종으로 활동을 중단하도록 훈련하면 두뇌는 점차 '짧게 끊어 일하는 리듬'에 익숙해지고, 40분을 넘겨 몰입하기가 어려운 습관을 형성하게 됩니다.

몰입은 스위치를 켜듯 바로 시작되는 것이 아니라 준비 시간이 필요한 심리적·인지적 과정입니다. 칙센트미하이가 말한 몰입의 전제(명확한 목표, 즉각적 피드백, 적정 난이도)가 충족되더라도 실제 몰입에 들어가기까지는 개인차를 포함해 일정한 '워밍업 시간'이 필요합니다. 저의 경우 완벽한 몰입 상태가 되기까지 보통 10~30분 정도가 걸립니다.

그러나 이 구간에서 외부 신호로 작업이 끊기면 방금 중단된 과제의 잔상이 머릿속에 남는 '주의 잔여(attention residue)'가 생겨 다음 과제의 성과가 떨어집니다.

인지심리학에서도 과제를 전환할 때마다 전환 비용이 누적된다고 설명합니다. 잦은 중단과 재개는 전전두엽의 집행 기능에 부담을 주어 깊은 사고와 창의적 연결을 방해합니다. 생체리듬 측면에서도 사람은 대체로 90분 안팎의 집중-이완 주기를 반복한다고 알려져 있습니다.

더 큰 문제는 학교를 졸업한 이후에 드러납니다. 실제 일터에서는 아무도 종을 치지 않습니다. 각자의 리듬으로 몰입해 결과를 내야 합니다. 그러나 책상에 앉자마자 바로 몰입되는 사람은 거의 없습니다. 물이 100도에 이르기까지 시간이 필요하듯, 두뇌가 몰입 온도에 오르려면 누구에게나 도입 시간이 필요합니다. 그런데 도입 시간을 채우기도 전에 '40분 종료'가 반복되면 뇌는 깊게 잠수하려는 시도 자체를 줄입니다. 결국 학교에서 형성된 단절 습관이 성인이 된 후 현장에서의 적응을 어렵게 만들 수 있습니다.

이러한 이유로 우리 학교는 블록형 수업과 자율 확장 시간을 운영합니다. 교사는 아이의 몰입 곡선을 관찰하며, 생각의 파도가 가장 높이 올라올 때는 굳이 멈추지 않도록 돕습니다. 필요한 휴식은 몰입의 고비가 지난 뒤에 배치합니다. 결과적으로 아이들은 '짧게 끊어 배우는 두뇌'가 아니라 '길게 잠수해 끝까지 수확하는 두뇌'를 훈련하게 됩니다. 이는 학업 성취뿐 아니라 나중에 현장에서 복잡한 문제를 오래 붙잡고 해결하는 힘으로 직결됩니다.

하루 종일 공부만 하고 싶어지는 아이들의 놀라운 변화

실제로 몰입 상태를 경험한 아이들은 학습 태도와 습관에서 눈에 띄는 변화를 보입니다. 이전에는 억지로 공부하던 아이들이 이제는 스스로 하루 종일 공부하고 탐구하며 지식을 적극적으로 습득하고 창의적인 문제 해결 능력을 발휘합니다.

아이들이 몰입에 빠지면 공부는 더 이상 힘든 일이 아니라 즐거움과 성취감을 주는 활동이 됩니다. 자발적으로 공부를 즐기다 보니 학습 속도와 효율성은 자연스럽게 높아지고 시간 가는 줄 모르고 집중하게 됩니다.

몰입을 자주 경험한 아이들은 스스로 학습하는 습관과 능력을 키우고 장기적으로 탁월한 학습력을 가진 아이로 성장합니다. 특히 조직 안에서 독보적인 실력을 보이며, 동시에 눈에 띄게 행복한 사람으로 자리잡습니다. 아이들이 결국 1% 천재로 성장하는 핵심 이유는 몰입 속에서 이루어지는 깊은 학습과 창의적 사고력 덕분입니다.

따라서 부모는 아이들이 자주 몰입 상태를 경험하도록 환경을 마련하고, 스스로 배우고 성장하는 즐거움을 맛보게 도와야 합니다. 몰입을 경험한 아이들은 스스로 공부하고 싶어 하며 진정한 천재로 성장하게 될 것입니다. 이런 몰입 경험이 아이들이 미래 사회에서 진정한 성공과 행복을 이루는 토대가 됩니다.

✱ 몰입이 어려운 ADHD(Attention Deficit/Hyperactivity Disorder, 주의력결핍/과다행동장애) 자녀의 경우, 이 책의 〈특별 부록 1〉에서 별도의 적용 방법을 안내했습니다.

<blockquote>

"

자기 분야에서 무아지경(無我之境)을 경험한 횟수가

곧 능력이자 실력이며, 가장 큰 '자산'으로 남는다.

"

by 오두환

</blockquote>

4단계: 실습 단계
존 듀이의 경험 중심 교육 이론,
아이를 성장시키는 유일한 방법

책이나 유튜브, 교육을 통해 전문 지식에 몰입하다 보면 현실, 현장과의 괴리가 발생하게 됩니다. 실제로 경험하지 못했거나 본 적 없는 것을 상상하기는 어렵기 때문입니다. '백문(百聞)이 불여일견(不如一見), 즉 백 번 묻는 것보다 한 번 보는 것이 낫다'라는 말이 있지만 사실 백 번 보는 것보다 한 번 경험하는 것이 낫습니다. 그래서 실습 단계는 몰입 단계 다음에 반드시 거쳐야 하는 단계입니다.

존 듀이는 현대 교육학의 아버지로 불립니다. 그는 '배움은 경험으로만 가능하다'고 말한 철학자이자 교육학자입니다. 듀이는 아이가 책상 앞에 앉아 교과서로 이론만 익힐 때가 아니라 직접 경험을 통해 실제 삶과 연결된 지식을 습득할 때 진정한 배움과 성장이 일어난다고 강조했습니다. 현실과 동떨어진 일이라고 느낄수록 학습 동기는 저하됩니다. 특히 학생 때 졸린 이유는 학습에 대한 동기부여가 제대로 되지 않아 그렇습니다.

이번 편에서는 듀이의 '경험 중심 교육 이론'을 바탕으로 아이가 실습을 통해 학습하고 성장하는 것이 왜 그렇게 중요한지 살피겠습니다. 또 왜 이것이 아이들을 진짜 천재로 키우는 유일한 길인지도 함께 짚어보겠습니다.

존 듀이의 경험 중심 교육 이론의 핵심

존 듀이는 교육이 학생들의 경험과 연결될 때 비로소 의미가 있다고 보았습니다. 그는 교육을 단순히 지식을 전달하는 행위로 보지 않고 아이들이 직접 삶과 현실에서 경험하고 탐구하며 배우는 과정으로 이해했습니다. 듀이의 경험 중심 교육 이론에 따르면 교육은 다음과 같은 핵심 원칙들을 포함해야 합니다.

첫째, 학습은 실제 생활과 연결되어야 합니다.
학교에서 배우는 내용이 현실과 직접 이어질 때 학생은 학습의 필요성과 가치를 분명히 느낍니다. 현실의 문제를 직접 경험하고 해결하는 과정에서 진짜 배움이 이루어집니다.

둘째, 학생들이 능동적으로 참여하고 탐구해야 합니다.

학습 과정에서 수동적으로 듣는 데 그치지 않고 능동적으로 질문하고 탐구하며 스스로 지식을 구성하도록 격려해야 합니다. 주도적으로 참여할 때 진정한 성장이 일어납니다.

셋째, 결과뿐 아니라 과정에서도 의미를 찾아야 합니다.

교육은 시험 점수를 올리는 데 그치는 것이 아니라 학습의 모든 과정에서 의미를 찾고 성장하도록 이끌어야 합니다. 학생이 스스로 경험하고 탐구하며 얻은 배움이야말로 진정한 배움입니다.

실습 단계에서 나타나는 학생들의 놀라운 변화

실습 단계에 들어선 아이들은 책상을 벗어나 실제 현장과 사회 속에서 배우게 됩니다. 직접 현장에 나가 다양한 경험을 하고 실제 문제를 발견하며 해결하는 과정에서 학교 안에서는 얻을 수 없는 깊고 현실적인 배움을 얻습니다.

무엇보다 아이들은 경험을 통해 학습의 필요성을 몸소 깨닫습니다. 현장에서 문제를 해결하며 학교에서 배운 지식이 실제 상황에서 어떻게 쓰이는지 확인할 수 있습니다. 이때 학습의 진정한 가치와 필요성을 분명히 이해하게 됩니다.

그리고 능동적이고 자기 주도적인 학습 태도를 키웁니다. 스스로 문제를 발견하고 해결책을 찾는 과정에서 질문을 던지고 탐구하며 학습을 통해 실제 성취감을 느낍니다.

실습의 또 다른 큰 혜택은 전문가와 멘토를 직접 만날 수 있다는 점입니다. 아이들은 현장에서 일하는 사람들과 교류하며 현실적인 지식과 경험을 얻습니다. 이 만남은 자신의 진로와 목표를 구체적으로 설정하는 계기가 되며, 생생한 이야기와 멘토의 조언은 강력한 동기가 되어 아이 스스로 미래의 모습을 그려보게 합니다.

최근 뇌 과학 연구는 실제 경험과 탐구가 두뇌의 학습과 성장에 얼마나 중요한지 분명히 보여주고 있습니다. 경험을 통해 얻은 지식과 능력은 단순한 암기로 쌓은 지식과는 차원이 다르게 두뇌에 깊이 저장됩니다.

아이들이 현장에서 직접 경험할 때 두뇌는 더 활발하게 작동하며 신경 연결도 한층 풍부하게 형성됩니다. 실제 문제를 해결하고 탐구하는 과정에서 두뇌는 복잡한 사고와 문제 해결 능력을 적극적으로 발휘하게 되고, 이는 아이들이 깊이 있는 지식을 습득하는 결정적인 계기가 됩니다.

실제 사례로 본 실습 단계의 효과

다음은 실습 단계를 거쳐 놀라운 성장을 이룬 학생들의 이야기입니다.

한 중학생은 로봇과 코딩에 깊은 관심이 있었습니다. 이 학생은 90일 동안 로봇 연구소와 소프트웨어 개발 기업을 직접 방문해 현장을 체험했습니다. 전문가들과 만나고 실제 로봇 프로그래밍 프로젝트에 참여하면서 놀라운 성장을 경험했습니다. 학교에서는 기초적인 프로그래밍만 접했지만, 현장에서는 복잡한 문제를 해결하며 로봇을 직접 프로그래밍하고 다양한 코딩 프로젝트를 완성했습니다. 현실적 문제를 해결하면서 두뇌는 깊이 작동했고, 이전과는 비교할 수 없는 수준의 사고력을 발휘하였습니다.

또 다른 초등학생은 환경 보호와 생태계에 깊은 관심을 가졌습니다. 이 학생은 자연 생태계를 직접 조사하고 연구하며 실제 환경 단체와 협력했습니다. 현장에서 환경 문제를 탐구하고 해결책을 찾아내면서 현실적인 문제 해결 능력을 키웠습니다. 두뇌는 활발히 작동하며 창의적 아이디어와 사고력이 크게 향상되었고, 실제로 환경 프로젝트에 초등학생 신분으로 스카우트되어 참여하거나 방송에 출연하기도 했습니다.

또 한 명의 초등학생은 어려서부터 바이올린을 좋아해 꾸준히 연습했습니다. 어느 순간 비발디의 〈사계〉 중 '여름'을 가볍게 연주할 만큼 실력이 자랐습니다. 그러던 중 우연히 세계적인 피아니스트가 공항에서 연주하는 장면을 보고 함께 연주할 기회를 얻었고, 행복하게 웃으며 연주하는 모습이 유튜브에서 1억 뷰를 넘게 되었습니다. 이후 세계적 피아니스트들과 협연할 기회를 얻고 각종 방송에서 극찬을 받으며 국제 콩쿠르에서 수상하는 아이로 성장했습니다.

아이들의 미래를 바꾸는 진짜 방법은 현장 경험

학교에서 이루어지는 이론 중심 교육만으로는 아이들이 살아갈 복잡한 미래 사회를 준비하기에 충분하지 않습니다. 이제는 아이들이 직접 현장에 나가 현실의 문제를 해결하고 실제 경험을 통해 깊이 있는 배움을 얻어야 합니다.

존 듀이가 강조한 경험 중심 교육 이론은 오늘날 아이들이 미래 사회를 준비하는 가장 효과적인 방법으로 인정받고 있습니다. 아이들이 현장을 경험하며 탐구하는 과정은 두뇌 발달을 극대화하고, 스스로 원하는 분야에서 뛰어난 성과를 이루게 하는 유일한 길입니다.

실습과 경험 중심 학습을 통해 아이들은 진정한 몰입을 경험하고 창의적 문제 해결 능력을 키우게 됩니다. 그 결과 평범한 학생이 아닌, 독특한 강점과 뛰어난 능력을 지닌 천재로 성장할 수 있습니다. 따라서 부모는 아이들이 현장에서 직접 부딪치고 배우며 성장할 기회를 열어주어야 합니다. 아이들의 잠재력을 깨우는 가장 확실한 방법은 바로 경험과 실습입니다.

> **"**
>
> **자녀가 부모의 모습을 보고 배운다면**
>
> **학생은 현장의 스승을 보고 배운다.**
>
> **"**
>
> by 오두환

5단계: 성과 단계
프레네 교육학에서 말하는
'아이의 마음을 사로잡는 단 한 사람'

실습 단계를 거쳤다면 반드시 성과 단계로 이어져야 합니다. 눈에 보이는 결과가 없다면 아이는 금세 지치고 포기할 수 있기 때문입니다.

그렇다면 교육의 본질적인 목표는 무엇일까요? 단순히 좋은 성적을 얻거나 유명 대학에 진학하는 것일까요? 프랑스의 교육학자이자 개혁가인 셀레스탱 프레네(Célestin Freinet)는 교육의 진정한 목표가 아이가 자신의 삶을 주체적으로 살아가고, 학습을 통해 자신을 표현하며, 사회와 소통하는 능력을 기르고, 결국 행복하게 성공하는 데 있다고 강조했습니다.

특히 프레네 교육학은 아이의 성장을 위해 '아이의 마음을 사로잡는 단 한 사람'의 중요성을 매우 강조합니다. 교사는 단순히 지식을 전달하는 사람이 아니라, 아이의 마음을 움직이고 스스로 동기부여 할 수 있도록 돕는 사람이어야 합니다.

이번 편에서는 프레네 교육학이 말하는 교사의 역할을 살펴보고, 아이의 성과를 끌어올리는 현실적이고 구체적인 방법들을 함께 알아보겠습니다.

프레네 교육학이란 무엇인가?

프레네는 20세기 초반 프랑스에서 활동한 교육자로, 전통적인 암기식 교육 방식을 거부하고 아이들이 직접 경험하고 탐구하며 배우는 교육 방식을 주창했습니다. 그는 학생들이 수동적으로 수업을 듣는 것이 아니라 능동적으로 직접 체험하고 자신만의 표현을 통해 배워야 한다고 주장했습니다. 이렇게 해야 학생들이 더 창의적이고 주체적인 학습자로 성장할 수 있다고 강조했습니다. 프레네 교육학의 핵심 원칙은 다음과 같습니다.

먼저 아이가 학습의 주인공이 되어야 합니다. 아이 스스로 선택하고 탐구할 수 있는 환경을 마련해 학습 과정에서 주도권을 갖게 하는 것이지요.

그리고 학습은 삶과 현실과 연결되어야 합니다. 학교에서 배우는 내용이 현실 문제와 이어질 때 아이들은 배움의 가치를 실제로 느끼고 체험할 수 있습니다.

또 아이는 자기 생각과 경험을 자유롭게 표현해야 합니다. 프레네는 글쓰기, 예술 활동, 토론과 발표 등 다양한 방식으로 아이들이 경험을 표현할 수 있는 환경을 만들어주는 것이 중요하다고 보았습니다.

프레네 교육학의 목적은 단순한 지식 전달이 아니라 아이가 스스로 학습에 몰입하고 의미 있는 성과를 낼 수 있도록 돕는 데 있습니다.

아이의 마음을 사로잡는 단 한 사람의 힘

프레네 교육학에서 교사의 역할은 단순히 지식을 전달하는 사람이 아닙니다. 교사는 아이의 마음을 움직이고, 아이가 스스로 배우고 성장하도록 이끄는 존재여야 합니다. 프레네는 교사가 아이의 마음을 사로잡을 때 비로소 학습 태도와 성과가 달라진다고 강조했습니다.

교육학 연구 역시 같은 결론을 보여줍니다. 존 해티 교수의 연구에 따르면, 교사와 학생 사이의 긍정적인 관계는 학생의 학습 동기와 성취도를 눈에 띄게 끌어올립니다. 교사가 학생을 믿고 지지할 때 학생은 학습에 몰입하고 적극적으로 참여하게 되며 자신을 인정해주는 단 한 사람의 교사를 통해 큰 변화를 경험합니다.

따라서 성과 단계에서는 담임 교사만이 아니라 분야별 멘토와의 만남이 결정적입니다. 학교 교사는 아이가 분야별 전문가와 연결될 수 있도록 돕고, 분야별 엘리트가 되어가는 습관과 멘탈을 잡아주는 역할을 합니다. 곤충, 동물, 법, 인문 등 모든 영역을 교사가 다 알 수 없기에, 아이가 각자의 분야에서 성취를 쌓도록 지지와 동기를 불어넣는 존재로 서게 됩니다. 부모 이상의 영향을 미치는 순간이기도 합니다.

성과를 위해서는 프로젝트 대회 참여, 현장 실습(멘토와의 협업), 자기 의견 전달(칼럼 작성)과 같은 실제 활동이 필요합니다. 우리 학교는 자사 계열 언론사, 머니투데이 기업인증센터장 경험, 자체 유튜브 채널 등을 적극적으로 활용하여 아이들이 자신의 성과를 외부에 알릴 기회를 제공합니다. 이를 통해 아이들은 자존감을 높일 뿐 아니라 실제로 작은 경제적 성취까지 경험합니다. 프로와 아마추어의 차이는 단순한 실력이 아니라 성과를 통해 가치를 창출했는가에 있습니다. 아이들이 돈을 벌어본 경험은 단순한 수입을 넘어 실력과 자신감으로 이어집니다.

‖ 아이의 성과를 높이는 현실적이고 구체적인 방법 ‖

프레네 교육학은 아이들이 의미 있는 학습 성과를 낼 수 있도록 현실적이고 구체적인 방법을 제시합니다.

첫째, 학급회의와 협력 학습으로 주도성 키우기

프레네 교실에서는 정기적으로 학급회의를 엽니다. 아이들은 이 자리에서 수업 주제와 방식을 스스로 정하며 강한 주인의식을 갖게 됩니다. 그 결과 학습 태도는 능동적이고 적극적으로 바뀝니다.

둘째, 현실과 맞닿은 프로젝트 학습

교실에서는 환경 문제나 지역 사회의 이슈처럼 실제 주제를 중심으로 프로젝트를 진행합니다. 아이들은 문제를 직접 조사하고 해결책을 찾으며 현실적인 문제 해결 능력과 창의적 사고를 기릅니다.

셋째, 자유 글쓰기와 예술 활동으로 표현력 기르기

프레네는 아이들이 자신의 생각과 경험을 자유롭게 표현하는 것이 학습의 핵심이라고 강조했습니다. 학생들은 교사에게 제출하기 위한 글쓰기뿐 아니라 친구들과 함께 하는 자유로운 발표와 토론을 통해 자기 생각을 적극적으로 표현합니다. 이 과정에서 아이들은 창의적인 표현력과 비판적 사고력을 키워갑니다.

넷째, 개별 피드백과 맞춤형 멘토링

교사는 학생 한 명 한 명의 성격과 학습 특성을 이해하고, 각 학생에게 맞춤형 피드백과 멘토링을 제공합니다. 이는 학생들이 자신만의 학습 스타일과 강점을 발견하고, 자기 자신에 대해 깊이 이해하며 학습 능력을 극대화하는 데 큰 도움을 줍니다.

아이의 마음을 움직이는 교사의 진정한 역할

교육학자 로버트 마르자노(Robert J. Marzano)는 '교사가 학생들과 깊은 관계를 맺고 개개인을 존중할 때 학생들의 성취도가 눈에 띄게 높아진다'고 말했습니다.

진정한 교사는 아이들에게 단순히 지식을 외우게 하는 사람이 아닙니다. 아이들이 학습 과정에서 몰입과 즐거움을 경험하도록 이끌어주는 사람입니다. 학생들은 교사와의 신뢰 속에서 자신이 존중받고 믿음받고 있다는 것을 느낄 때, 스스로 학습에 적극적으로 참여하며 더 높은 성취를 이뤄냅니다.

프레네가 말한 '아이의 마음을 사로잡는 단 한 사람'이란 바로 이런 교사입니다. 아이를 진정으로 믿고 존중하며 주체적인 학습자로 성장하도록 길잡이가 되는 사람입니다. 아이들에게 이런 교사를 만나게 하는 것이야말로 교육의 핵심이며 성과를 끌어올리는 유일한 길입니다.

따라서 우리 학교 현장에서는 교사라는 말 대신 '스승'이라는 호칭을 사용합니다. 매일 아침 스승 다짐문과 제자 다짐문을 함께 낭독하며 교사들은 아이의 성장을 위해 자신의 재능과 경험, 인맥까지도 아낌없이 나누고 있습니다.

부모와 교사는 단순히 지식을 전달하는 역할에 그쳐서는 안 됩니다. 아이들이 신뢰와 존중 속에서 학습을 즐기고 몰입할 수 있도록 곁에서 길잡이가 되어야 합니다. 바로 이런 진정한 멘토가 있을 때 아이들은 최고의 성과를 이룰 수 있습니다.

"

나만 나를 믿는다면 항상 흔들린다.
다들 나를 믿는다면 결국 성공한다.

"

by 오두환

국제혁신영재사관학교
스승 다짐문

제자들을 평생 지키겠다는 마음으로 기도하겠습니다.

나는 제자들의 재능을 발견하는 스승님이 되겠습니다.

나는 제자들의 재능을 키워주는 스승님이 되겠습니다.

나는 모든 제자들을 나의 친자녀처럼 사랑하겠습니다.

나는 세상을 바꾸는 혁신적 리더들을 길러내겠습니다.

나는 진심으로 제자들의 성장을 위해 헌신하겠습니다.

나는 매사에 즐거움과 열정으로 온 힘을 다하겠습니다.

나는 제자들 모두 서로 사랑할 수 있게 만들겠습니다.

나는 아이들의 보이지 않는 능력을 항상 믿겠습니다.

나는 불평 없고 긍정의 힘이 넘치는 곳을 만들겠습니다.

항상 감사하고, 사랑하고, 여기 모두의 성장을 믿습니다.

온 힘 다해 제자들을 분야별 최고로 만들겠습니다.

국제혁신영제사관학교
제자 다짐문

내 다짐을 평생 지키겠다는 마음으로 기도하겠습니다.

나는 스승님과 부모님의 사랑과 믿음을 가슴에 새기겠습니다.

나는 나만의 재능을 발견하고 키워가겠습니다.

나는 도전 앞에서 두려워하지 않고 끝까지 노력하겠습니다.

나는 서로 다름을 존중하고 친구를 진심으로 사랑하겠습니다.

나는 긍정적인 마음으로 어려움을 이겨내겠습니다.

나는 작은 일에도 감사하고, 배움의 기쁨을 찾겠습니다.

나는 항상 자신을 믿으며 더 나은 미래를 만들어가겠습니다.

나는 세상을 밝히는 혁신적인 리더로 성장하겠습니다.

나는 내 꿈을 포기하지 않고 끝까지 도전하겠습니다.

나는 배운 것을 세상에 나눌 수 있는 사람으로 살겠습니다.

나는 오늘 작은 걸음이 큰 변화를 만든다고 믿습니다.

항상 감사하고, 사랑하고, 자신의 성장을 믿습니다.

온 힘 다해 내 재능을 최고로 만들겠습니다.

6단계: 혁신 단계
세인트존스대학교식 '독서 기반 학습법', 아이 두뇌가 끊임없이 진화한다

성과가 반복될수록 지루함이 시작됩니다. 이 신호는 '혁신 단계'로 넘어가라는 두뇌의 요청입니다. 성과 단계에서 결과는 나오지만 새로움이 멈추면 아이들은 금세 지칩니다. 때로는 자신의 한계를 탓하며 재능이 부족하다고 오해하기도 합니다. 그러나 새로운 것을 만들어내려면 먼저 '열려 있는 방대한 지식'을 넓고 깊게 흡수해야 합니다. 한두 번의 성과가 아닌 계속 진화하는 성공을 위해 지금 필요한 것이 바로 혁신 단계입니다.

교육의 핵심 목표는 평생 스스로 배우고 생각하고 성장하는 힘을 갖추게 하는 데 있습니다. 지식은 폭발적으로 늘고 기술과 환경은 매일 바뀝니다. 이제 필요한 능력은 오래 기억하는 힘이 아니라 변하는 지식을 제때 찾고, 이해하고, 연결해, 활용하는 힘입니다. 그 역량을 가장 경제적으로 키우는 길이 바로 독서 기반 학습입니다. 이번 편에서 방법을 구체적으로 안내하겠습니다.

혁신 단계는 배움을 통해 자신을 끊임없이 업그레이드하는 구간입니다. 여기서 핵심 도구는 세인트존스대학교의 '독서 기반 학습법(Reading-based Learning Method)'입니다. 이 학습법이 아이의 두뇌를 어떻게 계속 깨어 있게 만들고 더 깊고 넓게 성장시키는지 차근차근 살펴보겠습니다.

세인트존스대학교의 '독서 기반 학습법'이란 무엇인가?

세인트존스대학교는 미국에서 가장 혁신적인 대학교 중 하나로 꼽힙니다. 일반적인 대학교들과 달리 전통적인 강의 중심 수업을 하지 않습니다. 대신 철저히 책을 읽고 토론하는 '독서 기반 학습법'을 중심으로 커리큘럼이 구성되어 있습니다.

학생들은 4년 동안 세계적으로 영향력 있는 고전 문학, 철학, 과학, 역사 분야의 위대한 책을 읽고 토론합니다. 교수는 일방적으로 지식을 전달하는 사람이 아니라, 학생들이 독서를 통해 스스로 질문하고 토론하며 지식을 형성하도록 이끄는 촉진자(facilitator) 역할을 합니다.

독서 기반 학습법은 단순히 지식을 습득하는 것을 넘어 학생들이 독립적인 사고력, 문제 해결 능력, 비판적 사고력, 창의적 아이디어를 키우는 데 목적이 있습니다. 학생들은 끊임없이 새로운 지식을 얻고, 새로운 관점을 발견하며, 스스로 사고하는 방법을 배우게 됩니다.

독서 기반 학습법이 두뇌에 주는 놀라운 변화

독서 기반 학습법이 아이들의 두뇌에 주는 영향은 정말 놀랍습니다. 최근 뇌 과학 연구는 책을 읽고 분석하며 토론하는 학습법이 두뇌의 여러 영역을 동시에 활성화한다는 사실을 밝혀냈습니다.

책을 읽는 행위 자체가 두뇌를 단련합니다. 미국 에모리대학교 (Emory University)의 뇌 과학 연구팀은 장기적으로 책을 읽을 때 두뇌의 특정 영역이 활성화되고 신경 연결이 강화된다는 사실을 발견했습니다. 특히 책을 읽으며 얻은 복합적이고 깊은 지식은 두뇌의 전두엽과 관련된 인지 능력을 크게 강화합니다.

또한 독서를 바탕으로 한 질문과 토론은 창의력을 키우는 데 효과적입니다. 세인트존스대학교의 독서 토론 수업에서는 학생들이 스스로 질문을 만들고 답을 찾으면서 두뇌의 창의적 사고가 크게 향상됩니다. 아이들이 책을 읽고 자유롭게 의견을 주고받을 때 두뇌는 더 복잡하고 창의적으로 작동하게 됩니다.

독서를 통한 깊은 몰입은 집중력, 기억력, 학습 효율도 높입니다. 미국의 신경과학자 매리언 울프(Maryanne Wolf)는 저서 《다시 책으로(Reader, Come Home)》에서 깊이 있는 독서가 인간의 두뇌에 긍정적인 변화를 일으킨다고 강조합니다. 몰입해서 책을 읽는 과정에서 뇌는 집중력과 기억력, 문제 해결 능력을 강화하고, 사고력을 담당하는 전두엽이 특히 활발히 작동한다고 설명합니다.

이처럼 독서 기반 학습은 두뇌를 끊임없이 발전시키고 창의적이며 깊이 있는 사고를 가능하게 합니다. 따라서 세인트존스대학교의 학습법은 단순히 지식을 습득하는 데 그치는 것이 아니라, 평생 배우고 성장할 수 있는 능력을 키우는 데 매우 효과적인 방법입니다.

흔히 '모방은 창조의 어머니'라고 합니다. 새로운 혁신을 이루기 위해서는 스스로 깨달은 지식과 타인의 지식을 연결해 새로운 지식을 만들어야 합니다. 논문 역시 기존에 검증된 내용을 토대로 자신의 의견을 더하는 방식으로 쓰입니다. 이 책 또한 같은 맥락에 있습니다. 결국 혁신 단계에서는 논문이나 책 집필에 가까운 수준의 의견을 제시할 수 있어야 합니다.

그렇다면 독서 기반 학습법을 실제로 아이들에게 적용하려면 어떻게 해야 할까요? 부모와 교사가 현실적으로 실천할 수 있는 구체적인 방법은 다음과 같습니다.

첫째, 매일 일정한 독서와 토론 시간을 마련하세요.
아이들이 꾸준히 책을 읽고 토론할 수 있도록 시간을 정해 습관화하는 것이 중요합니다. 하루 20~30분 정도 책을 읽고 이야기를 나누는 시간을 반복해서 쌓아가세요.

둘째, 아이가 스스로 책을 고르게 하세요.
관심 있는 분야나 주제를 직접 선택하게 하면 더 깊이 몰입할 수 있습니다. 다양한 책을 자유롭게 고르고 읽을 수 있도록 해주세요. 짧은 책이나 만화라도 괜찮습니다. 책장을 넘기는 습관, 오랫동안 집중하는 습관, 호기심을 탐구하는 습관이 생기기 때문입니다. 저 역시 세계사를 공부할 때 '먼나라 이웃나라' 만화책을 수십 권 읽으며 훈련했던 기억이 있습니다.

셋째, 책을 읽은 후에는 꼭 질문과 토론을 하세요.
책을 다 읽고 난 뒤 내용과 주제를 중심으로 질문하고 토론하는 시간을 가지세요. 단순히 이해하는 데서 그치지 않고 깊이 있는 사고와 자기 의견을 표현하는 힘을 길러줍니다.

넷째, 글쓰기와 발표로 확장하세요.

독서를 통해 얻은 생각과 통찰을 글로 정리하고 발표하는 활동을 꾸준히 하도록 해주세요. 자기표현 능력과 의사소통 능력이 크게 자랍니다. 요즘은 유튜브나 SNS 영상 등 다양한 매체를 통한 표현으로도 확장할 수 있습니다.

다섯째, 부모와 교사는 촉진자가 되어야 합니다.

정답을 알려주는 대신 아이가 스스로 질문하고 생각할 수 있도록 도와주세요. 열린 질문을 던지고 아이가 적극적으로 사고를 이어갈 수 있게 이끌어주는 역할이 필요합니다.

실제 사례로 본 독서 기반 학습의 놀라운 효과

한 초등학생은 독서 기반 학습을 통해 과학 분야에서 눈에 띄는 성장을 경험했습니다. 교과서에 그치지 않고 다양한 과학 서적과 고전을 자유롭게 읽으면서 스스로 깊은 질문을 던지기 시작한 것입니다. 특히 아인슈타인의 상대성이론이나 양자역학처럼 복잡한 개념을 다룬 책을 접하며 과학에 큰 흥미를 느꼈습니다. 단순히 지식을 외우는 것이 아니라 개념을 이해하고 질문하며 탐구하는 습관을 길렀습니다. 이 학생은 매주 자신이 읽은 내용을 부모, 교사, 친구들 앞에서 발표했습

니다. 책을 통해 얻은 생각과 질문을 스스로 정리하고 표현하는 과정
에서 과학적 이해력과 창의적 사고력이 크게 향상되었습니다. 나아가
교과 과정 이상의 과학적 지식을 설명할 수 있는 놀라운 능력을 보여주
었습니다. 독서 기반 학습을 통해 아이는 과학 분야에서 실제로 두각
을 나타내며, 학교 안팎에서 인정받고 미래의 진로까지 명확히 설정하
게 되었습니다.

또 다른 사례는 문학과 철학에 몰입한 중학생의 이야기입니다. 이
학생은 세인트존스대학교식 독서 기반 학습을 통해 철학, 문학, 역사
관련 다양한 고전을 깊이 읽고 정기적으로 친구들과 책 내용에 관해 토
론하는 시간을 가졌습니다. 책을 읽은 뒤에는 자신의 의견을 글로 정
리해 에세이를 쓰는 활동을 꾸준히 실천하여 최연소 작가가 되었습니
다. 학생은 단순히 책의 내용을 외우는 것이 아니라 책을 통해 자신이
무엇을 배울 수 있고, 어떤 의미를 찾을 수 있는지 깊이 고민했습니다.
그 결과 비판적 사고와 창의적 사고가 크게 자라났고, 철학적·문학적
주제를 다룬 깊이 있는 글을 쓸 수 있었습니다. 이런 독서 기반 학습은
아이가 실제로 자신의 진로와 인생 방향을 고민하고, 명확한 가치관과
비전을 세우는 데 큰 도움이 되었습니다.

독서 기반 학습이 주는 특별한 장점

세인트존스대학교식 독서 기반 학습법은 단순히 지식을 습득하는 것을 넘어 아이들이 평생 학습할 수 있는 힘을 길러주는 특별한 장점을 갖고 있습니다. 독서를 통해 아이들은 사고력과 창의력, 문제 해결 능력, 의사소통 능력까지 폭넓게 키워갑니다. 독서 기반 학습법이 아이들에게 제공하는 특별한 장점은 다음과 같습니다.

첫째, 독서 기반 학습은 깊이 있는 사고력과 창의적 문제 해결 능력을 기릅니다. 책을 읽고 토론하며 스스로 질문하고 답을 찾는 과정에서 아이들의 두뇌는 복잡한 사고력을 발달시킵니다.

둘째, 비판적 사고와 분석 능력이 자랍니다. 책의 내용에 대해 깊이 고민하고 스스로 견해를 밝히면서 정보를 비판적으로 분석하고 평가하는 힘이 길러집니다.

셋째, 지식을 자기 것으로 만드는 힘이 커집니다. 독서 기반 학습을 통해 아이들은 스스로 지식을 구성하고 통합하며, 이렇게 얻은 지식은 오래 기억되고 실제 삶에서 활용할 수 있습니다.

넷째, 자신만의 가치관과 철학을 형성합니다. 책을 읽으며 삶의 본질적 질문과 가치를 고민하고, 이를 자신의 삶에 적용할 수 있는 구체적이고 현실적인 철학을 세워갑니다.

다섯째, 학습 동기와 지속 가능한 학습 습관을 형성합니다. 스스로 책을 선택하고 탐구하면서 학습에 대한 진정한 흥미와 열정을 갖게 됩니다. 아이들은 자신이 좋아하는 주제를 탐구하는 과정에서 자연스럽게 꾸준히 배우는 습관을 형성하게 되며, 이를 통해 능동적으로 학습하는 힘을 기르게 됩니다.

여섯째, 자기표현과 의사소통 능력이 크게 향상됩니다. 책을 읽고 생각을 정리해 발표하고, 다른 사람과 토론하는 과정에서 명확하고 효과적으로 자신의 생각을 표현하는 능력이 자랍니다.

일곱째, 두뇌 발달에 긍정적인 자극을 줍니다. 책을 읽고 토론하는 과정에서 아이들의 뇌는 지속해서 자극을 받으며, 복잡한 신경 연결과 인지 기능을 발전시킵니다. 특히 철학이나 고전 문학처럼 어려운 주제를 다룰 때 두뇌는 더욱 활발히 작동하며 높은 수준의 사고력을 발휘합니다.

하버드대학교 뇌 과학자 존 레이티(John J. Ratey)는 《운동화 신은 뇌(Spark)》에서 독서와 깊이 있는 사고, 토론이 두뇌의 신경 연결과 인지 기능을 매우 효과적으로 촉진한다고 말합니다. 독서를 통해 얻은 지식과 사고력은 두뇌에서 더 강력한 신경망을 만들고, 복잡한 문제 해결과 창의적 사고 능력을 한층 높여줍니다.

독서 기반 학습이 아이들의 미래를 바꾼다

지금의 교육 현실에서는 단순 암기식 학습이나 주입식 교육이 더 이상 통하지 않습니다. 미래 사회에서는 아이들이 스스로 배우고 성장할 수 있는 능력을 갖추는 것이 무엇보다 중요합니다.

세인트존스대학교식 독서 기반 학습법을 통해 아이들은 지속 가능한 학습 능력을 기르고, 평생 배움과 성장을 이어갈 힘을 얻게 됩니다. 이 학습법은 두뇌를 끊임없이 발전시키며, 아이들이 급격한 변화와 도전에 주도적으로 대응할 수 있는 능력을 제공합니다.

혁신은 새로운 것을 만들어내는 단계입니다. 한 분야의 책을 수십 권 읽어 지식과 경험이 충분히 쌓이면, 어느 순간 아이는 자기 생각으로 책을 쓰는 모습에 이르게 됩니다. 일반적으로 책을 쓴다는 것은 성인에게도 쉽지 않은 일이지만, 꾸준히 읽고 쌓아온 아이는 하고 싶은 말이 자연스럽게 넘쳐흐르는 상태가 됩니다.

책을 그릇에, 지식을 수건 속 물에 비유해보면 이해가 쉽습니다. 지식이 충분히 쌓이지 않은 상태는 마른 수건을 짜내려는 것과 같습니다. 하지만 책을 통해 지식이 가득 채워진 상태라면 젖은 수건을 짜내듯 조금만 힘을 줘도 물이 흥건히 흘러나와 그릇을 금세 가득 채울 수 있습니다.

따라서 부모와 교사는 독서 기반 학습법을 적극적으로 실천하고,

아이들이 실제 삶의 문제를 스스로 탐구하고 해결하며 지속적인 성장을 이룰 수 있도록 도와야 합니다. 아이의 두뇌가 스스로 진화하는 기적을 지금 시작해보세요. 평생 학습 능력과 창의적 사고력을 키우고 싶다면, 지금부터 세인트존스대학교식 독서 기반 학습법을 실천하는 것이야말로 우리 아이가 진정한 천재로 성장하는 길입니다.

> **"**
>
> 커뮤니케이션에는 네 가지 기술이 있다.
> 듣기, 말하기, 읽기, 쓰기 중
> 가장 높은 능력은 '쓰기'다.
> 수백 번 듣고, 읽고, 말해야만 쓸 수 있기 때문이다.
>
> **"**
>
> by 오두환

7단계: 사관 단계
세계 10위권 대학들의 비밀,
세계 최고의 인재는 '이렇게' 길러진다

우리 사회에서 많은 부모는 자녀가 좋은 대학에 들어가는 것을 교육의 궁극적 목표로 삼습니다. 하지만 단지 명문대에 들어가는 것만으로 아이들이 성공하고 행복해질 수 있을까요? 이제 시대가 달라졌습니다. 글로벌 사회에서 경쟁력 있는 인재, 분야별 엘리트, 그리고 높은 경제적 성과를 내는 인재는 단순히 좋은 대학에 입학한다고 만들어지지 않습니다.

새로운 것을 혁신 단계에서 발견한다 해도 단순히 기술에만 치중하는 자로 살아갈지, 그들을 통솔하여 결과물을 내는 리더가 될지는 이 단계에서 극명하게 갈립니다. 더 나아가 리더들이 모인 네트워크로 사관의 군대가 되는 것은 전혀 다른 고차원적 수준입니다.

최근 수년간 세계적으로 교육적 성과를 거둔 상위 10위권 대학들이 공통적으로 추구하는 교육 방식과 그 비밀이 조금씩 드러나고 있습니다. 하버드대학교, 매사추세츠공과대학교(Massachusetts Institute of Technology, 이하 MIT), 스탠퍼드대학교(Stanford University), 미네르바대학교, 에꼴42(Ecole42) 등 세계 최고의 대학들이 공통으로 추구하는 교육 방식과 원칙은 바로 아이들을 현실적이고 실용적인 문제 해결력을 갖춘 창의적 인재로 키우는 것입니다.

이번 편에서는 세계 10위권 대학들의 특별한 교육 방식을 통해 아이들이 어떻게 세계 최고의 인재로 성장하는지 자세히 살펴보고자 합니다.

||| 세계 10위권 대학들의 특별한 교육 방식 |||

최근 세계 최고 수준의 대학들은 단순한 이론 중심 교육에서 벗어나, 현실과 실무에 중점을 둔 실습 중심 교육으로 빠르게 변화하고 있습니다. 세계적 인재를 길러내는 대표 대학인 하버드대학교, MIT, 스탠퍼드대학교, 미네르바대학교, 에꼴42 등이 공통적으로 추구하는 교육 원칙은 다음과 같습니다.

첫째, 실무 중심의 문제 해결 능력 배양
상위 대학들은 학생들이 현실에서 맞닥뜨리는 문제를 해결

할 수 있는 능력을 기르는 데 집중합니다. 미네르바대학교
는 실제 현장을 기반으로 한 프로젝트 학습을 통해 학생들
이 문제를 발견하고 해결하도록 합니다. 예를 들어 글로벌
기업이나 사회 현장에서 프로젝트를 수행하며 직접 문제를
분석하고 해결책을 제시하는 경험을 쌓습니다.

둘째, 창의적이고 비판적인 사고력 강화
하버드대학교와 MIT를 비롯한 상위권 대학들은 창의적·
비판적 사고를 가장 중요한 역량으로 봅니다. 이들 대학은
단순히 정답을 맞히는 것보다 문제를 비판적으로 분석하
고 혁신적인 해결책을 내놓는 능력을 평가합니다. 특히 하
버드대학교의 사례 기반 학습은 실제 사례를 통해 창의적
이고 비판적인 사고를 훈련하는 가장 효과적인 방법으로
인정받고 있습니다.

셋째, 글로벌 협업 능력 향상
세계적 대학들은 글로벌 환경에서 소통하고 협력할 수 있
는 능력을 중시합니다. 미네르바대학교 학생들은 여러 나
라를 돌며 다양한 문화권의 학생들과 팀을 이루어 실제 문
제 해결을 반복합니다. 이를 통해 글로벌 협업 능력과 문화
적 이해력이 획기적으로 향상됩니다.

넷째, 자율적이고 자기 주도적인 학습 능력 함양
에꼴42는 강의와 교수가 없는 혁신적인 교육 시스템을

도입하여 학생들이 완전히 스스로 학습하고 문제를 해결
하도록 합니다. 나이나 지위에 상관없이 학생들은 정해진
강의 없이 프로젝트를 직접 해결하며 자기 주도적 학습 능
력과 문제 해결력을 기릅니다. 이 방식은 독립적으로 평생
배우고 성장할 수 있는 힘을 길러주는 데 효과적입니다. 특
히 팀 단위 프로젝트는 협력과 협동의 중요성을 자연스럽
게 경험하게 합니다.

미네르바대학교와 에꼴42가 보여준
실무 중심의 교육 혁신 사례

최근 교육계에서 가장 주목받는 혁신 대학으로 꼽히는 미네르바대
학교와 에꼴42는 기존 대학의 틀을 완전히 벗어난 교육 방식을 실천하
고 있습니다. 이 두 학교는 정답을 빨리 맞히는 훈련이 오히려 뇌의 사
고력을 떨어뜨리고, 결국 스스로 문제를 해결하지 못하는 뇌로 굳어지
게 한다는 점을 경계했습니다. 그 결과 이들은 수많은 반대 속에서도
정답 중심 교육을 과감히 버리고 실무와 사고 중심의 학습 시스템을 혁
신적으로 도입했습니다.

미네르바대학교의 사례

미네르바대학교는 전통적인 강의와 교수 중심의 교육을 철저히 배제하고, 학생들이 세계 주요 도시에서 실제 사회 문제를 탐구하고 해결하는 프로젝트 기반 교육을 운영합니다. 모든 수업은 학생들이 기업, 정부 기관, 비영리 단체 등과 협력해 실제 문제를 분석하고 해결책을 제시하는 과정으로 이루어집니다.

이러한 프로젝트 중심 학습은 교과서가 아닌 실제 경험을 통해 지식을 습득하게 하고, 문제를 직접 해결하며 배우도록 합니다. 학생들은 이 과정을 통해 창의적이고 혁신적인 사고력을 기르고, 글로벌 환경에서 소통과 협업 능력을 획기적으로 높여갑니다.

에꼴42의 사례

프랑스 파리에 있는 에꼴42는 교수도 없고 교과서도 없는 혁신적인 교육 방식으로 주목받고 있습니다. 이 학교는 학생들이 스스로 문제를 해결하고 배우는 것을 핵심으로 삼습니다. 모든 학습은 팀을 이루어 실제 프로그래밍과 코딩 프로젝트를 수행하며, 현실적인 문제를 해결하는 데 집중합니다. 수재라 불리던 학생들도 자기주장만 내세우지 않고 팀원들을 존중하며 반드시 문제를 풀어내야 합니다.

에꼴42의 학생들은 스스로 문제를 발견하고 해결책을 찾아가는 과정을 통해 높은 수준의 자기 주도 학습 능력과 협업 능력을 키워갑니다. 그 결과 기존의 주입식 교육이 아닌 창의적이고 독창적인 방식으로 문제를 해결할 수 있게 되며, 실제 기업과 사회 현장에서 높은 평가를 받고 있습니다.

교수라는 존재는 직무에 따라 조금씩 다르지만, 대부분은 교육자이지 개발과 혁신을 이끄는 현장 지휘자는 아닙니다. 마치 히딩크 감독이 경기장에 직접 뛰지 않고도 팀을 승리로 이끌었던 것처럼 오늘날 세상은 학생들에게 단순한 지식이 아닌 다양한 실무 역량을 요구하고 있습니다. 현장에서 직접 프로젝트를 수행하는 경험을 통해 학생들은 동기부여, 리더십, 창의력, 추진력, 교육적 감각을 함께 키웁니다. 또한 협동심을 기반으로 한 팀워크 능력까지 발전시켜 나갑니다. 결국 이런 역량을 갖춘 사람들이 팀을 승리로 이끌 수 있다는 사실을 몸으로 깨닫는 것입니다.

하버드대학교와 MIT가 강조하는 창의적·비판적 사고력

세계 최고의 대학인 하버드대학교와 MIT는 학생들이 창의적이고 비판적인 사고력을 기를 수 있도록 교육에 힘을 쏟고 있습니다.

하버드대학교의 대표적인 사례 기반 학습법은 학생들이 실제 사례를 다각도로 분석하고, 그 과정에서 창의적이고 혁신적인 해결책을 탐색하는 훈련을 제공합니다.

MIT 역시 문제 중심 학습(Problem-Based Learning, PBL)을 통해 학생들이 스스로 현실의 문제를 해결하며 창의적·비판적 사고력을 키우도록 합니다. MIT 학생들은 수업에서 배운 이론을 실제 프로젝트에 연결해 구체적인 문제 해결 경험을 쌓습니다.

세계 최고의 인재로 성장하기 위한 진정한 비결

세계적으로 성공하는 인재를 기르기 위해서는 이제 암기식 교육이 아니라 실무 중심, 경험 중심의 교육으로 완전히 전환해야 합니다. 세인트존스대학교, 하버드대학교, MIT, 미네르바대학교, 에꼴42 같은 세계 최고 대학들이 추구하는 교육 원칙과 방식은 명확히 일치합니다. 그 핵심을 정리하면 다음과 같습니다.

- 실질적인 문제 해결 능력
- 창의적이고 비판적인 사고력
- 글로벌 환경에서의 협력 능력
- 자기 주도적이고 능동적인 학습 능력

이러한 교육 방식을 통해 아이들은 끊임없이 성장하고 변화하는 미래 사회 속에서도 주도적으로 역할을 해낼 수 있는 인재로 자라납니다. 결국 세계 최고의 인재로 성장하기 위해서는 바로 이런 실무 중심, 경험 중심의 교육이 필요합니다.

몇몇 위대한 인물들은 먼저 현장에서 경험을 쌓은 뒤, 필요할 때 대학에 진학하기도 했습니다. 저 역시 과거 회사에 꼭 필요한 프로그램을 외주로 맡긴 적이 있습니다. 그런데 놀랍게도 한 중학생 프로그래머가 성인보다 훨씬 정교한 결과물을 내놓았습니다. 알고 보니 그 학생은 이미 여러 회사로부터 의뢰를 받으며 큰 수익을 올리고 있었습니다. 대학은 검정고시로 고졸만 유지하다가 결국 유명 대학에 특별 전형으로 입학했습니다. 하지만 대학보다 현업이 더 맞는다며 곧 자퇴했습니다. 해외에서도 스티브 잡스, 빌 게이츠, 마크 저커버그처럼 대학을 중퇴하고 성공한 인물들은 잘 알려져 있습니다.

이제 우리가 해야 할 일은 아이들에게 책상 앞의 암기식 교육이 아니라 세계 최고 대학들이 강조하는 경험 중심, 실습 중심, 탐구 중심의 교육을 제공하는 것입니다. 아이들이 세계적 경쟁력을 갖추고, 원하는 분야에서 탁월한 성과를 낼 수 있도록 지금부터라도 적극적으로 이런 방식을 도입하고 실천해야 합니다. 또한 팀을 이끄는 리더십, 경영 감각, 협동과 협업 능력을 함께 길러주어야 합니다. 아이가 단순히 혼자 잘하는 사람이 아니라 함께 성장하는 강한 연합군의 중심이 되는 법을 배워야 하기 때문입니다. 나이와 상관없이 가능한 한 빨리 현장을 경험해야 하는 이유도 여기에 있습니다.

지금 이 순간부터 아이들에게 현실적이고 실무적인 경험을 제공하고, 스스로 배우며 성장할 수 있는 환경을 만들어주세요. 그것이야말로 아이들이 경쟁, 시기, 질투가 아닌 사랑과 협력 속에서 세계적인 인재로 성장할 수 있는 유일한 길이며 우리 아이들의 미래 또한 이런 교육 방식에 달려 있습니다.

우리는 이미 알고 있습니다. 진정한 친구란 단순히 가까운 사람이 아니라, 같은 일과 직업에 소명과 사명으로 임하며 함께 배우고 성장할 수 있는 동료라는 것을. 특히 어렸을 때 좋은 친구들과의 연합은 세상 속에서 가장 든든한 힘이 됩니다. 우리 학교 역시 서로 사랑하고, 믿어주며, 응원하는 네트워크이자 각 분야 최고의 인재로 성장할 수 있도록 큰 뜻과 따뜻한 마음을 키우는 교육에 집중하고 있습니다.

"

역사를 통틀어 혼자 싸운 명장은 없다.
그들은 뛰어난 사람들을 연합시켰을 뿐이다.

"

by 오두환

6장

내 아이를 행복한 리더로 만드는 최고의 교육 습관

아이가 절대적으로 좋아하는 일을 찾는 심리학자의 놀라운 방법

아이가 성적만으로 행복해질까요? 부모가 가장 바라는 건 아이가 행복하게 사는 일입니다. 하지만 진짜 행복은 좋은 학교나 높은 성적만으로는 채워지지 않습니다. 아이들이 진정으로 행복하게 살려면 자신이 절대적으로 좋아하는 일을 찾아야 합니다. 그 일을 통해 삶의 의미와 성취감을 느껴야 합니다. 왜 이것이 중요할까요? 많은 심리학자와 교육학자는 아이가 자기 관심 분야를 발견해 깊이 탐구하고 몰입할 때 진짜 행복과 성취를 경험한다고 말합니다.

이번 편에서는 아이가 정말 좋아하고 몰입할 수 있는 일을 찾도록 돕는, 심리학자의 특별한 방법을 자세히 소개합니다.

왜 아이가 절대적으로 좋아하는 일을 찾아야 하는가?

심리학 연구에 따르면 사람이 진정으로 행복한 삶을 살기 위해 가장 중요한 것은 자신이 좋아하고 열정을 느끼는 일을 발견해 그 일에 몰입하는 것입니다.

긍정심리학의 창시자 마틴 셀리그먼(Martin Seligman)은 연구를 통해 행복한 삶을 사는 사람들의 공통점을 분석했습니다. 그는 '자신이 좋아하는 일에서 몰입과 성취감을 느끼는 사람일수록 더 행복하고 성공적인 삶을 살아간다'라고 강조했습니다.

또한 스탠퍼드대학교 심리학자 캐럴 드웩은 아이가 좋아하고 열정을 느끼는 일을 발견할 때 동기부여가 강해지고, '성장 마인드셋'이 형성된다고 설명했습니다. 성장 마인드셋을 가진 아이들은 실패를 두려워하지 않고 끊임없이 노력하며, 결국 더 높은 성취를 이뤄냅니다.

이러한 연구들은 아이가 어릴 때부터 절대적으로 좋아하는 일을 찾는 것이 얼마나 중요한지를 분명히 보여줍니다. 좋아하는 일을 찾은 아이는 자연스럽게 몰입 상태에 빠지고, 그 과정에서 학습과 성장이 놀라운 속도로 이루어집니다.

세계적인 심리학자와 교육학자들은 아이가 좋아하는 일을 발견하도록 돕는 여러 방법을 제시합니다.

첫째, 강점 중심의 탐구를 통해 아이의 관심사를 발견하세요.
긍정심리학의 대가 마틴 셀리그먼은 아이가 자신의 강점을 찾고, 그 강점을 바탕으로 관심사를 확장해나가는 방법을 권장합니다. 사실 아이들은 자신이 어떤 분야에서 뛰어난지 스스로 잘 알지 못하는 경우가 많습니다. 이때 부모와 교사는 아이의 일상과 활동을 세심하게 살펴 어떤 부분에서 특별한 관심과 재능을 보이는지 찾아내야 합니다.
예를 들어, 어떤 아이가 그림 그리기에 특별한 흥미를 보이고 다른 활동보다 더 깊이 몰입한다면 그 아이의 강점은 예술적 창의성일 가능성이 높습니다. 부모와 교사는 아이가 이런 강점을 스스로 깨닫도록 다양한 경험을 제공하고, 그 강점을 더 깊이 탐구할 수 있도록 이끌어주는 것이 중요합니다.

둘째, 다양한 경험과 도전을 통해 흥미를 찾게 하세요.
심리학자 앤절라 더크워스(Angela Duckworth)는 아이가 진정으로 좋아하고 잘하는 분야를 찾기 위해서는 어린 시절부터 가능한 한 다양한 경험과 도전을 해봐야 한다고 강조합니다. 그의 연구에 따르면 성공한 사람들은 어린 시절부

터 여러 분야를 경험하고 도전하면서 자신이 좋아하고 잘
할 수 있는 것을 발견했습니다.

부모는 아이가 어릴 때부터 폭넓은 활동을 접할 기회를 주
어야 합니다. 스포츠, 음악, 미술, 과학, 기술, 독서, 봉사 활
동 등 다양한 분야에서 아이가 직접 경험하고 도전할 수 있
는 환경을 마련해주세요. 그런 경험을 통해 아이는 진정으
로 좋아하고 몰입할 수 있는 분야를 발견하게 됩니다.

셋째, 몰입 경험을 중심으로 좋아하는 일을 찾게 하세요.

심리학자 미하이 칙센트미하이는 몰입 경험이 아이들이
자신이 좋아하는 일을 발견하는 중요한 열쇠라고 말합니
다. 부모는 아이가 어떤 활동에 몰입하는지를 세심하게 관
찰해야 합니다. 만약 특정 분야에서 특별히 높은 집중력과
몰입을 보인다면, 그 분야가 아이가 좋아하는 영역일 가능
성이 큽니다. 아이가 이런 몰입 경험을 자주 할 수 있도록
돕는 것이야말로 좋아하는 일을 발견하게 하는 가장 확실
한 방법입니다.

넷째, 심리학적 검사와 평가를 활용해 흥미를 발견하세요.

심리학자 존 홀랜드(John L. Holland)는 개인의 흥미와 직
업적 적성을 진단하는 홀랜드 검사(Holland Occupational
Themes, RIASEC)를 개발했습니다. 이 검사는 어떤 분야
에 관심과 흥미를 느끼는지 객관적으로 확인할 수 있도록
돕고, 자신에게 가장 잘 맞는 직업적 적성과 관심 분야를

찾게 해주는 효과적인 방법으로 널리 인정받고 있습니다. 부모와 교사는 아이가 더 명확히 자신의 관심사와 적성을 찾을 수 있도록 이런 심리학적 검사나 평가 도구를 적극적으로 활용할 수 있습니다. 홀랜드 검사 외에도 MBTI 성격 유형 검사, 스트렝스 파인더(Strengths Finder), 다중지능 이론 기반 검사 등 다양한 평가 방법이 있습니다. 이를 통해 아이는 자신이 어떤 분야에 특별한 강점과 흥미를 지니는지 확인하고, 보다 효과적으로 자신만의 재능을 탐구할 수 있게 됩니다.

다섯째, 전문가와 멘토를 만나 관심 분야를 구체화하세요.
심리학자이자 교육 전문가인 벤저민 블룸(Benjamin Bloom)의 연구에 따르면, 세계적인 성취를 이룬 사람들 대부분은 어린 시절부터 자신이 관심 있는 분야의 전문가나 멘토와 깊이 있는 관계를 맺으며 성장했습니다. 전문가와의 직접적이고 밀도 높은 교류를 통해 아이들은 자신의 흥미와 재능을 더욱 명확히 확인하고, 집중적 탐구와 몰입을 경험하게 됩니다.
부모와 교사는 아이가 관심 있는 분야에서 실제로 활동하며 성과를 내는 전문가나 멘토를 만날 수 있도록 적극적으로 지원해야 합니다. 아이가 전문가와의 만남을 통해 구체적인 조언을 얻고, 실제 현장에서 경험하면서 자신이 좋아하는 분야를 더욱 깊이 이해할 수 있도록 도와주세요.

아이들이 좋아하는 일을 발견한 후의 놀라운 변화

아이들이 자신이 좋아하는 일을 발견하고 이를 깊이 탐구하기 시작하면 삶과 학습 태도에서 엄청난 변화가 나타납니다. 좋아하는 분야에서는 자연스럽게 몰입과 열정을 느끼게 되고, 이러한 몰입 상태는 두뇌가 더욱 활발하게 작동하도록 이끌어줍니다.

이 과정에서 아이들의 자존감과 자신감이 높아지고 행복 호르몬 분비도 크게 증가합니다. 자신이 좋아하는 분야에서 성취감을 얻고 인정받으면서 아이들은 자신의 능력과 가능성을 더욱 강하게 믿게 됩니다. 이는 다른 분야에서도 자신 있게 도전하고 발전할 수 있는 중요한 원동력이 됩니다.

또한 아이들은 좋아하는 분야에 몰입할 때 창의적이고 복합적인 사고력을 빠르게 발달시킵니다. 관심 분야를 깊이 탐구하는 과정에서 다양한 지식과 통찰력을 얻게 되고, 그 결과 다른 사람들보다 뛰어난 창의성과 문제 해결 능력을 갖추게 됩니다.

실제 사례로 본 아이들의 놀라운 변화

아이들이 좋아하는 일을 발견했을 때 어떤 변화를 겪는지 실제 사례를 보면 더욱 분명히 알 수 있습니다.

한 초등학생은 학교에서 지루함을 느끼며 학습에 대한 흥미를 잃어 가고 있었습니다. 그러던 중 부모가 다양한 경험과 탐구 기회를 제공해 주었고, 그 과정에서 우연히 천체관측과 우주과학에 흥미를 느끼기 시작했습니다. 아이는 매일 밤하늘을 관찰하고 천문학 관련 책을 읽으며 관심 분야를 깊이 탐구했습니다. 그 경험을 통해 놀라운 몰입과 성취를 맛보았고, 점차 천문학에 대한 깊이 있는 지식과 탐구 능력을 키워 결국 천문학과 우주과학을 전문적으로 공부하고 싶다는 구체적인 목표를 세우게 되었습니다.

또 다른 중학생은 학교에서 뚜렷한 관심 분야를 찾지 못했지만, 부모가 마련해 준 한국잡월드 멘토링 프로그램을 통해 소프트웨어 개발과 프로그래밍에 관심을 보이게 되었습니다. 현직 소프트웨어 전문가 멘토를 만나면서 프로그래밍과 코딩에 몰입하기 시작했고, 멘토의 지도를 받아 실제 프로젝트를 수행하며 실력을 빠르게 키워갔습니다. 이 경험을 통해 아이는 소프트웨어 개발자로서의 진로를 명확히 설정할 수 있었습니다.

이처럼 아이들이 자신이 진심으로 좋아하는 일을 발견하고 몰입했을 때 얼마나 큰 성장을 이루는지는 사례를 통해 분명히 확인할 수 있습니다. 아이들은 열정을 가지고 탐구하는 과정에서 두뇌가 놀라운 속도로 발전하고 변화하는 것을 직접 경험하게 됩니다.

아이들의 행복과 성공을 위한 최고의 교육 습관

이제 우리 부모와 교사가 할 일은 아이가 자신만의 특별한 달란트와 관심 분야를 발견할 수 있도록 꾸준히 지원하는 것입니다. 아이가 좋아하는 분야를 찾으면 학습에 대한 몰입과 흥미가 자연스럽게 높아지고, 장기적으로 더 큰 성취와 행복을 경험하게 됩니다.

아이에게 다양한 경험과 탐구 기회를 제공해주세요. 아이가 스스로 강점과 흥미를 발견할 수 있도록 적극적으로 도와주는 것이 필요합니다. 또 아이가 자신이 좋아하는 분야의 전문가나 멘토를 만나 직접 조언을 듣고 성장할 수 있는 기회도 만들어주세요.

베풂이 왜 '좋아하는 일'의 추진력을 키우는가

좋아하는 일을 오래 이어가려면 '관계성'과 '의미'가 필요합니다. 자기 결정성 이론에 따르면 타인에게 기여하는 경험은 자기효능감과 행복을 동시에 높여줍니다.

저 역시 2020년부터 '굿닥터네트웍스'를 설립해 23곳의 보육원과 1,000여 명의 아이들을 꾸준히 후원하며, 대규모 행사를 기획해왔습니다. 그리고 그 경험과 기쁨을 학생들에게 전하기 위해 교육과 연결해왔습니다. 아이들이 배운 것을 작은 재능 기부로 강의, 제작, 기술 봉사 등에 활용하게 되면 '내가 가진 능력이 누군가에게 도움이 된다'는 실감이 생깁니다. 이 감각은 아이에게 목적의식과 추진력을 만들어주고, 다음 도전으로 나아가게 하는 강력한 연료가 됩니다.

요컨대 나눔은 결과가 아니라 동기의 시작점입니다. 하기 싫고, 귀찮고, 왜 해야 하는지 몰라 억지로 시작하더라도 단 한 번 누군가를 돕는 경험을 하면 아이는 그 순간 자신의 가치와 존재 이유를 깨닫고 이전보다 더 깊이 몰입하는 놀라운 변화를 경험하게 됩니다.

결국 자신이 좋아하는 일을 발견하고 몰입하는 것이야말로 아이가 평생 행복하고 성공적으로 살아갈 수 있는 최고의 교육 습관입니다. 이제 부모와 교사가 적극적으로 나서야 할 때입니다. 아이가 절대적으로 좋아하는 일을 찾도록 돕고, 그 속에서 진정한 천재성을 깨워주세요. 이것이야말로 아이의 삶을 행복과 성공으로 이끄는 가장 확실한 길입니다.

＊ 보육원 후원 단체, 굿닥터네트웍스
매년 9월 서울랜드 행사에 봉사자로 함께 해주세요.
굿닥터네트웍스 회원 1,004명을 모집하고 있습니다.

> "
>
> 당신이 멘토가 되어주지 않으면 대한민국은 이대로 무너집니다.
>
> "

"절대 이런 말을 하면 안 됩니다",
하버드대 교육심리학자의 결정적 조언

자녀를 키우는 과정에서 부모가 무심코 던진 한마디가 아이의 인생 전체에 영향을 미칠 수 있다는 사실, 알고 계신가요? 최근 하버드대학교 교육심리학자들의 연구에 따르면 부모의 말은 아이의 심리 발달과 학습 태도에 매우 큰 영향을 줍니다. 연구 결과, 부모가 흔히 사용하는 특정 말들이 아이의 자신감과 자존감, 그리고 성장 마인드셋에 치명적인 악영향을 줄 수 있음이 밝혀졌습니다.

하버드대학교 교육심리학자 캐럴 드웩 교수는 부모가 아이에게 절대 해서는 안 되는 말이 있다고 강조합니다. 겉으로 보기엔 무해해 보이지만, 장기적으로는 아이의 자신감과 학습 태도에 심각한 문제를 일으킬 수 있기 때문입니다.

이번 편에서는 하버드대 교육심리학자의 조언을 바탕으로 부모가 아이에게 해서는 안 되는 말들을 구체적으로 살펴보고, 아이의 성장과 학습을 도울 수 있는 올바른 대화 방식을 안내하겠습니다.

절대로 하지 말아야 할 첫 번째 말:
"넌 정말 똑똑하구나"

많은 부모가 아이가 좋은 성과를 거두었을 때 칭찬의 의미로 "넌 정말 똑똑하구나"라는 말을 자주 사용합니다. 하지만 교육심리학자 캐럴 드웩은 이 말이 아이들에게 오히려 해로운 영향을 줄 수 있다고 지적했습니다. 드웩의 연구에 따르면 아이의 재능이나 능력 자체를 칭찬하는 말은 아이들이 '고정 마인드셋'을 갖게 만들 위험이 큽니다. 고정 마인드셋은 자신의 능력이 선천적으로 전해진 것이라 믿는 사고방식입니다. 이런 사고를 가진 아이들은 어려운 문제나 도전에 부딪히면 쉽게 좌절하고 포기하는 경향이 있습니다. 실패를 곧바로 능력 부족으로 받아들이고, 새로운 도전 자체를 피하려 하기 때문입니다. 실제로 드웩 교수의 연구에서는 "넌 정말 똑똑하구나"라는 칭찬을 들은 아이들이 어려운 문제를 만났을 때 실패를 두려워하거나 회피하려는 경향이 더 높게 나타났습니다.

따라서 부모는 아이가 성과를 이뤘을 때 능력이나 지능 자체가 아 닌, 노력과 과정을 칭찬해야 합니다. 예를 들어 "이번 시험 준비하느라 정말 열심히 노력했구나. 훌륭해!"처럼 아이가 성취를 위해 기울인 노 력을 인정하고 격려하는 것이 훨씬 더 효과적입니다.

절대로 하지 말아야 할 두 번째 말: "다른 아이들은 다 하는데 너는 왜 못하니?"

부모는 아이의 성적이나 결과가 좋지 않을 때 무심코 "다른 아이들 은 다 잘하는데 너는 왜 못하니?"라는 말을 하곤 합니다. 그러나 이 말 은 아이에게 비교의 압박과 부정적인 감정을 심어주며, 자신감과 자존 감을 크게 훼손할 수 있습니다.

심리학 연구에 따르면 부모가 아이를 다른 아이들과 비교할 때, 아 이는 스스로의 가치를 낮게 평가하고 부정적인 자아상을 가지게 됩니 다. 특히 비교당하는 순간 부족함과 열등감을 크게 느끼며 학습에 대 한 동기와 흥미까지 잃어버릴 위험이 큽니다.

따라서 부모는 절대로 아이를 다른 아이와 비교해서는 안 됩니다. 대신 아이가 가진 고유한 강점과 성취를 인정하고, 이전보다 얼마나 성장했는지를 칭찬해야 합니다. 예를 들어 "지난번보다 훨씬 좋아졌어. 네가 얼마나 성장했는지 보니 정말 자랑스럽다!"처럼 비교가 아닌 아이 자신의 발전과 노력을 중심으로 격려하는 것이 중요합니다.

절대로 하지 말아야 할 세 번째 말: "그건 너무 어려워서 너는 못할 거야"

부모는 아이가 새로운 도전이나 시도를 하려 할 때, 보호하려는 마음에서 무심코 "그건 너무 어려워서 너는 못할 거야"라는 말을 하곤 합니다. 그러나 이 말은 아이가 도전하고 성장할 기회를 막고, 실패에 대한 두려움과 자신감 결여를 심어줄 수 있습니다.

심리학 연구에 따르면 아이들이 성장 마인드셋을 기르기 위해서는 어려운 문제에 도전하고 실패를 경험하며 배우는 과정이 필요합니다. 아이는 도전 과제를 직접 해결하고, 실패와 실수를 통해 배우는 과정에서 비로소 성장 마인드셋을 형성하게 됩니다.

캐럴 드웩 교수는 부모로서 아이가 도전과 실패를 긍정적으로 받아들일 수 있도록 격려하고, 도전을 통해 성장할 수 있다는 믿음을 심어주는 것이 중요하다고 강조합니다. 아이가 어려운 도전에 직면했을 때 부모는 "쉽지 않겠지만, 너라면 충분히 배우고 노력해서 해낼 수 있을 거야"처럼 아이에게 믿음을 주는 말을 해야 합니다.

절대로 하지 말아야 할 네 번째 말:
"너는 원래 그거 잘 못하잖아"

부모는 아이가 특정 분야에서 성과를 내지 못할 때 무심코 "너는 원래 그걸 잘 못하잖아"라는 말을 하곤 합니다. 하지만 이런 말은 아이에게 심각한 자기효능감 부족과 열등감을 주고, 그 분야에서 노력하며 성장할 기회마저 빼앗아 버립니다.

심리학자 알베르트 반두라(Albert Bandura)는 자기효능감(self-efficacy)이 학습과 성장 과정에서 결정적인 역할을 한다고 말했습니다. 자기효능감은 자신이 특정 과제를 수행하고 목표를 달성할 수 있다는 믿음입니다. 부모가 부정적인 피드백을 주면 아이는 스스로 그 과제를 해낼 수 없다고 생각하게 되고, 실제로 도전조차 하지 않게 됩니다.

따라서 아이가 특정 분야에서 어려움을 겪을 때 부모가 해줄 말은 달라야 합니다. "지금은 힘들겠지만, 네가 노력하면 반드시 발전할 수 있어. 나도 너를 믿어"처럼 격려와 지지를 전하는 것이 필요합니다. 부모의 믿음과 지지는 아이가 자신의 능력을 신뢰하고, 꾸준히 노력하며 성장할 수 있도록 이끄는 힘이 됩니다.

부모가 아이와의 대화에서 피해야 할 말을 하지 않는 것만큼, 올바른 의사소통 습관을 만드는 것도 중요합니다. 아이들의 성장과 자신감을 북돋아 주는 의사소통 습관을 만들기 위한 실제적인 방법은 다음과 같습니다.

첫째, 아이의 노력과 성장을 구체적으로 칭찬하세요.
성과 자체보다 그 성과를 이루기 위해 기울인 노력과 과정을 구체적으로 칭찬해주세요. 이를 통해 아이는 노력과 과정의 가치를 배우고, 꾸준히 성장하는 습관을 기르게 됩니다.

둘째, 아이가 도전할 때 긍정적인 격려를 아끼지 마세요.
새로운 도전을 시도할 때는 절대 부정적인 피드백을 주지 말고, 아이가 충분히 해낼 수 있다는 믿음을 전해주세요. 아이가 실패를 두려워하지 않고 도전할 수 있는 환경을 마련해 주는 것이 중요합니다.

셋째, 아이들의 강점과 흥미를 적극적으로 인정하세요.
아이가 가진 강점과 흥미를 발견하고 인정해주면 자신감과 학습 동기가 크게 높아집니다. 강점을 자주 인정하고 지지해주는 것이 아이의 성장을 이끌어줍니다.

넷째, 아이의 질문과 탐구를 존중하고 격려하세요.

아이들이 스스로 질문하고 탐구할 때 이를 존중하고 지지

해주세요. 그래야 아이가 질문을 두려워하지 않고, 탐구와

학습을 즐길 수 있는 태도를 기를 수 있습니다.

환경이 언어처럼 아이를 빚습니다.
정말 우연일까요?

아이의 말과 행동은 곁에 있는 사람들의 규범을 닮아갑니다. 동네의

신뢰와 상호 감시가 높을수록 비행과 범죄가 줄어드는 '집합 효능감' 효

과가 실제로 확인된 바 있습니다.

주위에 어떤 사람이 있느냐에 따라 그 사람의 모습이 결정됩니다.

한 통계조사에서는 범죄자의 자녀나 범죄자가 많은 도시에서 자란 경

우, 범죄자가 될 확률이 23% 더 높고 다른 남성들보다 무려 7배 높다

는 결과가 나왔습니다. 성인이 되었을 때 주변에 범죄자가 많으면 자

신도 모르게 범죄자가 될 수 있다는 뜻입니다. 반대로 가정이나 주변

에 행복한 부자들이 많다면 나 역시 부자가 되거나 행복하게 살 확률이

높아집니다.

이런 통계는 부모의 영향만큼이나 아이가 어떤 환경에 노출되는지

가 중요하다는 사실을 보여줍니다. 성장 이동 연구 또한 함께 지내는 또래와 어른의 규범이 학업, 소득, 건강에 장기적으로 영향을 준다고 보고했습니다.

따라서 부모가 아이에게 절대 해서는 안 되는 말을 피하고, 대신 성장 언어로 바꿔주는 순간 아이는 진정한 자신감과 자기효능감을 갖게 됩니다. 이것이야말로 아이가 행복한 리더로 자라게 하는 가장 확실한 교육 습관입니다.

> "
>
> 부모의 소득이나 능력은 중요하지 않다.
> 부모의 말 습관이야말로 '최고의 유산'이다.
>
> "
>
> by 오두환

세계적으로 성공한 사람들의 부모는 자녀에게 매일 '이것'을 했다

많은 부모는 자녀가 성공적이고 행복한 삶을 살기를 바랍니다. 세계적으로 뛰어난 성취를 이룬 사람들을 살펴보면 그들 뒤에는 반드시 훌륭한 부모의 올바른 교육 습관이 있었습니다.

하버드대학교와 스탠퍼드대학교 연구팀이 진행한 최근 교육심리학 연구에 따르면, 세계적으로 성공한 인물들의 부모는 자녀에게 매일 꾸준히 실천한 공통된 교육 습관이 있었습니다.

그렇다면 세계적으로 성공한 사람들의 부모는 자녀에게 매일 무엇을 했을까요? 하버드대학교 교육심리학자들이 밝혀낸 결정적인 습관은 바로 '매일 아이와 깊이 있는 대화하기'였습니다. 아주 단순해 보이는 이 습관이 아이들의 성취도와 행복감에 미친 영향력은 놀라울 정도로 컸습니다.

이번 편에서는 세계적으로 성공한 사람들의 부모가 매일 실천했던 깊이 있는 대화 습관이 무엇인지, 이를 구체적으로 어떻게 실천할 수 있는지, 그리고 이러한 대화가 아이들에게 어떤 긍정적이고 장기적인 효과를 주는지 자세히 살펴보겠습니다.

세계적 성공의 비밀, '매일 아이와의 깊이 있는 대화'

하버드대학교 교육심리학 연구팀은 수백 명의 성공한 인물을 대상으로 장기 연구를 진행했습니다. 그 결과, 공통된 습관 가운데 가장 핵심적인 것은 부모와 자녀 간의 '깊이 있는 대화'였습니다. 연구에 따르면 성공한 사람들은 대부분 어린 시절에 부모와 매일 진지하고 깊은 대화를 나눈 경험이 있었습니다.

여기서 말하는 '깊이 있는 대화'는 단순히 안부를 묻거나 학교에서 있었던 일을 형식적으로 확인하는 수준이 아닙니다. 아이의 생각과 감정, 꿈과 목표, 도전과 어려움에 대해 충분한 관심과 공감을 표현하며 나누는 대화가 바로 깊이 있는 대화입니다. 이러한 대화 습관은 아이의 자신감, 자기효능감, 학습 동기, 창의력, 사회성 발달에 매우 중요한 영향을 미친다는 사실이 밝혀졌습니다.

왜 깊이 있는 대화가 아이의 성공과 행복에 결정적인 영향을 미칠까?

심리학자들은 부모와의 깊이 있는 대화가 아이의 두뇌 발달과 심리 발달에 매우 긍정적인 영향을 준다고 말합니다. 부모와 아이가 나누는 진지한 대화는 아이들에게 다음과 같은 구체적인 이점을 제공합니다.

첫째, 언어 능력과 인지 능력이 발달합니다. 하버드대학교 교육심리학자 캐서린 스노우(Catherine Snow)의 연구에 따르면 부모가 아이와 깊이 있는 대화를 자주 나눌수록 어휘력, 표현력, 사고력이 크게 향상된다고 합니다. 풍부한 어휘, 깊이 있는 질문, 의견 교환은 아이의 언어적 표현력과 비판적 사고력을 빠르게 키워줍니다.

둘째, 정서적 안정감과 자존감이 높아집니다. 부모와 매일 진지하게 이야기하며 존중과 공감을 받는 경험은 아이에게 높은 정서적 안정감과 자존감을 줍니다. 심리학자 존 가트맨(John Gottman)의 연구에 따르면 부모가 아이의 감정을 존중하고 공감하는 대화를 꾸준히 실천할 때 아이의 자존감과 자신감이 크게 높아집니다.

셋째, 문제 해결 능력과 창의적 사고력이 길러집니다. 부모와 함께 다양한 상황과 문제를 이야기하고 해결책을 탐색하는 경험은 아이가 문제 해결 능력과 창의적 사고력을 기르는 데 큰 도움이 됩니다. 캐럴 드웩 교수는 부모와의 깊이 있는 대화가 아이의 성장 마인드셋을 형성하는 데 결정적인 역할을 한다고 강조합니다.

넷째, 삶과 진로에 대한 비전과 목표가 생깁니다. 부모와 자주 깊이 있는 대화를 나누는 아이는 자기 생각, 꿈, 진로에 대해 더 구체적으로 고민하고 명확한 목표를 세울 수 있습니다. 대화 속에서 아이는 자신이 진정 원하는 것이 무엇인지 발견하고, 삶과 진로에 대한 분명한 비전을 그려나가게 됩니다.

깊이 있는 대화를 실천하는 현실적인 방법

이제 부모가 아이와 깊이 있는 대화를 실천하기 위해 활용할 수 있는 구체적인 방법을 소개하겠습니다.

첫째, 매일 정기적인 대화 시간을 마련하세요.
저녁 식사 후나 잠자기 전처럼 매일 일정한 시간을 정해 부모와 아이가 깊이 있는 대화를 나누는 습관을 들이세요. 하루 동안 있었던 일, 학교에서의 경험, 아이가 요즘 관심을 두고 있는 주제나 고민을 중심으로 대화를 시작하면 자연스럽게 이어갈 수 있습니다.

둘째, 아이가 편안하게 자기 생각과 감정을 표현할 수 있도록 유도하세요.
부모는 열린 질문을 던지고 적극적으로 경청하며, 아이가 자유롭게 이야기할 수 있는 분위기를 만들어야 합니다.

예를 들어 "오늘 하루 중 가장 기뻤던 순간은 뭐였어?", "요즘 네가 제일 관심 있는 건 뭐니?"와 같은 질문이 효과적입니다.

셋째, 아이에게 깊이 있는 질문을 자주 던지세요.
대화 중에는 아이의 사고를 확장할 수 있는 질문을 해보세요. 예를 들어 아이가 어떤 주제에 관해 이야기할 때 "네가 그렇게 생각한 이유는 뭐니?", "너라면 그 문제를 어떻게 해결할 것 같니?"와 같은 질문을 던져 아이가 더 깊이 사고하도록 이끌어줍니다.

넷째, 아이의 의견을 존중하고 적극적으로 지지하세요.
아이가 어떤 의견을 말하든 진지하게 경청하고 존중해주세요. 부모의 생각과 다르더라도 무시하거나 비판하기보다 아이의 관점에서 이해하고 공감하며 지지하는 태도가 필요합니다

다섯째, 독서를 통한 깊이 있는 토론을 함께하세요.
부모와 아이가 함께 책을 읽고, 책 속 주제와 내용을 중심으로 대화와 토론을 이어가면 사고력과 표현력은 물론 부모와의 관계까지 크게 향상됩니다. 매일 잠시라도 책을 함께 읽고 이야기 나누는 시간을 만들어보세요.

하루 10분 토론이 정말 아이를 변화시킬 수 있을까요? 실제로 교육 효과를 분석한 메타 연구에 따르면 수업 속 토론의 평균 효과 크기가 상호 가르치기의 효과 크기보다 더 높다고 보고되었습니다. '효과 크기'란 한 교육 방법이 얼마나 큰 학습 효과를 가져오는지를 수치로 보여주는 지표입니다. 즉, 짧은 토론이라도 꾸준히 실천하면 아이의 사고력과 학습 태도에 큰 변화를 일으킬 수 있다는 뜻입니다. 특히 우리 학교는 인문학을 기반으로 한 토론 수업을 적용하고, 유대 전통의 짝 토론인 하브루타와 소크라테스식 질문법을 결합해 생각의 차이를 좁히는 훈련을 진행해왔습니다. 이를 통해 아이들은 자신이 알고 있는 지식을 설파할 수 있는 능력이 생겨 자신의 분야에서 독보적으로 가치를 인정받는 아이들이 되었습니다. 대한민국에서 실제 정통 유대인이 직접 와서 가르치는 학교는 저희밖에 없다고 자부할 만큼 이 방식을 중요하게 여기고 있습니다.

하지만 우리가 배우는 핵심은 단순히 문화가 아니라 기술입니다. 이는 질문-근거-반례-재구성, 그리고 역할 교대(말하기↔경청하기)를 통해 아이가 자기 생각을 스스로 갈고닦도록 만드는 기술입니다. 이러한 구조화된 대화는 텍스트를 매개로 짝이 함께 의미를 만들어가는 하브루타의 철학과 정확히 맞닿아 있습니다.

비고츠키는 배움이 사회적 상호작용 속에서 '근접 발달 영역'을 타고 다음 단계로 도약한다고 보았고 브루너는 생각을 이야기로 구성할 때 이해가 깊어진다고 설명했습니다. 대화 중심 수업은 이 두 원리가 동시에 작동하는 방식입니다. 또한 라이언과 데시의 '자기 결정성 이론'처럼 자율성, 유능감, 관계성을 한번에 충족시킬 수 있다는 점에서도 교육적 가치가 큽니다.

아이와 깊이 있는 대화를 나누는 습관의 장기적 효과

부모와 매일 깊이 있는 대화를 나누는 아이들은 시간이 지날수록 높은 수준의 자신감과 자존감을 갖게 됩니다. 아이는 자기 생각과 감정을 편안하게 표현할 수 있고, 문제를 적극적으로 해결하며 창의적으로 사고하는 능력을 기르게 됩니다. 이러한 대화 습관은 아이가 자신의 삶과 진로에 대해 명확한 비전을 세우도록 돕습니다. 또 미래에 닥칠 도전과 어려움에도 주도적으로 대응할 힘을 키워줍니다.

결국 아이가 성공적이고 행복한 삶을 살아가기 위해 가장 중요한 핵심은 부모와의 깊이 있는 대화 습관입니다. 지금부터 아이와 나누는 대화를 적극적으로 실천해보세요. 그것이야말로 우리 아이가 행복한 리더로 성장할 수 있는 최고의 교육 습관이며, 자녀의 삶을 긍정적으로 변화시킬 가장 강력한 열쇠가 될 것입니다.

"

부모와의 대화가 편해질수록

자녀의 성공은 확실해진다.

"

by 오두환

평범한 부모는 절대 하지 않는 '작은 습관'의 엄청난 힘

많은 부모가 자녀를 성공적인 사람으로 키우기 위해 거창한 방법이나 특별한 프로그램을 찾으려 합니다. 하지만 실제로 아이의 인생에 큰 변화를 만드는 것은 오히려 매일 꾸준히 실천하는 작은 습관입니다.

하버드대학교 교육심리학자들과 연구진들은 수년간의 연구를 통해 평범한 부모들이 잘 실천하지 않지만, 아이들에게 엄청난 긍정적 영향을 주는 몇 가지 작은 습관을 발견했습니다. 이 습관들은 겉보기에 사소하고 단순해 보이지만, 장기적으로는 아이들의 학습 능력, 성취도, 자존감, 창의성, 리더십을 크게 끌어올릴 수 있는 강력한 힘을 지니고 있습니다.

이번 편에서는 세계적으로 인정받은 교육심리학자들이 제안한, 평범한 부모들은 절대 하지 않는 '작은 습관'의 놀라운 힘과 이를 아이들의 일상 속에 현실적으로 적용할 수 있는 구체적인 방법을 살펴보겠습니다.

왜 '작은 습관'이 큰 변화를 만드는가?

하버드대학교 심리학자 윌리엄 제임스(William James)는 "우리 삶을 결정짓는 것은 거대한 사건이 아니라 매일 반복되는 작은 습관들이다"라고 말했습니다. 실제로 교육심리학 연구에서도, 일상 속 작은 습관들이 아이들의 두뇌와 심리 발달에 강력한 영향을 준다고 강조합니다.

작은 습관이 중요한 이유는 바로 '누적 효과(cumulative effect)' 때문입니다. 처음에는 사소하게 보이는 작은 습관이라도 매일 꾸준히 반복하면 시간이 흐르면서 아이의 사고방식, 태도, 능력, 인격까지 크게 변화시킬 수 있습니다. 따라서 부모가 매일 아이와 함께 실천하는 작은 습관이야말로 아이의 인생을 긍정적으로 변화시키는 가장 강력한 방법입니다.

평범한 부모는 하지 않는 '작은 습관' 5가지

하버드대학교 교육심리학 연구진은 다양한 연구와 사례 분석을 통해 평범한 부모들이 잘 실천하지 않지만, 아이들의 삶에 큰 변화를 일으키는 '작은 습관'들을 다음과 같이 제시했습니다.

첫 번째 작은 습관: 매일 아침 아이와 하루의 목표를 함께 설정하기

평범한 부모들은 아이가 학교에서 어떤 목표를 가지고 하루를 보낼지 깊이 이야기하지 않는 경우가 많습니다. 하지만 성공적인 부모들은 매일 아침 아이와 하루 동안 이루고 싶은 작은 목표를 함께 정하는 습관을 갖고 있습니다.

이 습관은 실제로 우리 학교 현장에서도 꾸준히 실행되고 검증되었습니다. 사회에서도 일간·주간·월간·연간 목표와 계획이 성취를 이끌어내듯, 학습에서도 같은 원리가 적용됩니다. 특히 '목표-이유-감정'은 뇌의 '주의 집중 시스템'을 켜는 역할을 합니다. 목표의 명확성(teacher clarity)과 자기 보고식 목표 설정은 학습 효과를 크게 높인다는 점이 메타분석 결과와도 맞닿아 있습니다.

아침마다 아이와 함께 하루 목표를 세우고, 어떻게 달성할지 구체적으로 이야기하는 습관을 들이면 아이는 하루를 더 주도적으로 계획하고 목표 의식을 가지게 됩니다. 이러한 습관이 반복되면 아이는

장기적으로 목표를 설정하고 실천하는 능력을 자연스럽게 키우게
됩니다.

두 번째 작은 습관: 매일 아이에게 고마움을 표현하기

많은 부모는 일상 속에서 아이가 하는 작은 일들에 고마움을 자주
표현하지 않습니다. 하지만 성공적인 부모들은 아주 사소한 일이라
도 매일 꾸준히 아이에게 감사의 마음을 전하는 습관이 있습니다.
청소년을 대상으로 한 연구에서도 감사 표현은 행복감과 친사회성
을 높이는 효과가 있는 것으로 나타났습니다. 아이가 매일 부모에게
서 감사 표현을 들으면 자신이 중요한 존재로 존중받고 가치를 인정
받는다는 감정을 느끼게 됩니다. 이 습관이 반복되면 아이의 자신감
과 자존감이 높아지고, 타인에 대한 감사와 공감 능력까지 함께 발
달합니다.

단, "너는 똑똑해"와 같은 고정 칭찬보다는 "어젯밤 문제를 끝까지
파고든 태도가 좋았어."처럼 노력과 전략을 구체적으로 칭찬해야 합
니다. 드웩이 강조했듯, 이런 성장 칭찬이야말로 아이의 동기와 회
복 탄력성을 키워줍니다.

세 번째 작은 습관: 매일 자기 전 아이와 하루를 돌아보며 피드백하기

성공한 부모들은 매일 잠들기 전 아이와 함께 하루를 돌아보며 짧은

대화를 나눕니다. 이 시간에는 아이가 하루 동안 잘한 일, 힘들었던 일, 앞으로 더 노력해야 할 점을 구체적으로 이야기하고 피드백을 주고받습니다. 던로스키의 종합 리뷰에 따르면 회상(시험) 연습과 간격 두기는 가장 효과적인 학습법으로 꼽힙니다. 매일 하루를 돌아보는 습관은 아이가 자신이 성취한 일을 분명히 인지하고, 스스로 발전할 기회를 얻도록 도와줍니다.

이 작은 습관이 꾸준히 반복되면 아이의 자기 성찰 능력과 학습 능력이 크게 높아지고, 자기 주도적인 성장을 촉진합니다. 특히 잠들기 전 일기를 쓰거나 하루를 정리하면서 풀리지 않은 문제를 떠올린 채 잠드는 습관은 무의식 속 두뇌 성장에도 큰 영향을 줍니다. 실제로 학교 현장에서 이런 습관을 기르게 했더니, 아이들이 전날 풀지 못했던 문제를 다음 날 아침에 해결하는 경우가 많았습니다. 간혹 고민하던 아이가 "어제 막혔던 문제가 아침에 갑자기 풀렸어요"라고 말하는 이유가 바로 여기에 있습니다.

네 번째 작은 습관: 매일 최소 15분 이상 독서하기

성공한 부모들은 매일 아이와 함께 최소 15분 이상 꾸준히 독서 시간을 갖습니다. 독서 습관은 아이의 언어 능력, 인지 발달, 창의성, 공감 능력까지 폭넓게 영향을 줍니다. 매일 책을 읽는 습관이 있는 아이들은 시간이 지날수록 뛰어난 독해력과 표현력을 갖추게 되고,

두뇌 발달과 학습 능력도 크게 향상됩니다. 특히 부모가 함께 책을 읽고, 그 내용을 두고 이야기를 나누는 습관을 들이면 아이의 사고력과 창의성까지 한층 더 깊이 자라납니다.

다섯 번째 작은 습관: 매일 아이와 미래의 꿈과 목표 이야기하기

많은 부모는 아이와 미래의 꿈과 목표에 대해 깊이 대화하는 습관이 부족합니다. 하지만 성공한 부모들은 매일 아이와 꿈과 목표를 이야기하며, 아이가 자신의 미래를 구체적으로 상상하고 계획할 수 있도록 돕습니다.

예를 들어 "나는 3개월 뒤 어떤 사람이 되어 있을까?"라는 질문을 던지고, 매일 저녁 3분 동안 미래 자화상을 현재형으로 한 줄 쓰게 해보세요. 부모는 그 글에 짧게 한 줄로 답해주면 됩니다. 연구에 따르면 목표는 구체적이고 적절한 난이도를 가질수록 동기를 촉진합니다. 이때 중요한 것은 아이 스스로 미래를 설계하도록 돕는 것입니다. 질문만 던지고, 선택은 아이에게 맡기세요. 자율성이야말로 핵심 동력입니다. 이 습관을 통해 아이는 자신의 미래에 대한 명확한 비전과 목표를 세우고, 그 목표를 이루기 위해 필요한 노력과 계획을 스스로 고민하게 됩니다. 꿈과 목표를 구체적으로 상상하고 이야기하는 습관은 강력한 동기를 불러일으키고, 성장 마인드셋을 키우는 데 큰 힘이 됩니다.

작은 습관들을 실제 가정에서 꾸준히 실천하기 위해 부모가 할 수 있는 구체적인 방법은 다음과 같습니다.

첫째, 매일 일정한 시간과 장소를 정해 습관을 형성하세요.
습관은 매일 정기적으로 실천할 때 효과를 발휘합니다. 같은 시간, 같은 장소에서 앞서 제시한 습관들을 꾸준히 실천해보세요.

둘째, 습관 형성을 위한 명확한 기준과 목표를 세우세요.
아이와 함께 습관을 실천할 때 구체적인 기준과 목표를 정하고 점검해야 합니다. 예를 들어 '매일 15분 독서하기', '하루 목표 세우고 저녁에 점검하기'처럼 기준을 분명히 해주세요.

셋째, 습관 실천을 즐겁고 긍정적인 경험으로 만드세요.
작은 습관은 아이가 즐겁게 느낄 때 더 잘 자리 잡습니다. 부모가 긍정적인 분위기를 만들어 아이가 습관을 좋은 경험으로 받아들이게 해주세요.

넷째, 부모가 먼저 모범을 보이세요.
부모가 아이에게 바라는 습관을 스스로 먼저 꾸준히 실천하는 모습을 보여주세요. 아이는 말보다 행동을 보고 배우는 존재입니다. 반두라의 사회 학습 이론에서도 아이가 관찰을 통해 학습한다고 설명합니다. 아이들은 부모와 교사의 뒷모습을 보며 성장합니다. 매일 즐겁게 일에 몰두하는 모습을 보면 자연스럽게 롤모델로 받아들이고, 그런 태도와 생활 방식을 닮고 싶어 합니다.

작은 습관이 만드는 아이들의 행복한 미래

작은 습관을 매일 꾸준히 실천하면 아이는 장기적으로 자신감과 자기 주도적인 학습 능력은 물론, 창의성과 리더십까지 키웁니다. 아이의 두뇌는 매일의 작은 습관을 통해 끊임없이 발전하며 결국 행복하고 성공적인 리더로 성장합니다.

부모는 거창한 교육법을 찾기보다, 매일 아이와 함께하는 작지만 의미 있는 습관을 꾸준히 지켜가는 것이 중요합니다. 매일의 작은 습관이야말로 아이의 인생을 행복하고 성공적인 길로 이끄는 가장 확실한 방법입니다. 지금 바로 이 습관들을 실천해보세요. 그것이 아이가 진정한 행복과 성취를 경험하도록 돕는 최고의 선물이 될 것입니다.

"

꿀단지 하나를 채우기 위해

꿀벌의 날개는 1억 번 움직인다.

'습관'의 반복이 '성과'를 만든다.

"

by 오두환

7장

왜 한국의 부모들은
자녀 교육에 실패하는가?

세계 최고의 교육 선진국들이
한국을 보며 놀라는 이유

지금까지 아무도 말하지 않았던 한국 부모의 결정적인 실수를 밝혀 드립니다. 한국은 전 세계적으로 교육열이 가장 높은 나라 중 하나로 유명합니다. OECD 국가 중에서도 가장 높은 학습 성취도를 기록하고 있으며, 국제학업성취도평가(PISA)에서도 항상 상위권을 차지하고 있습니다. 하지만 놀랍게도 세계 최고의 교육 선진국들은 한국의 교육 방식을 바라보며 놀라움을 금치 못하고 있습니다. 과연 무엇이 문제일까요? 왜 한국의 부모들이 그렇게 열정적으로 자녀 교육에 투자하면서도 결국 진정한 의미에서의 교육에 실패하고 있을까요?

이번 편에서는 세계 최고의 교육 선진국들이 바라보는 한국 교육의 현실적인 문제점과 한계를 명확히 분석하고, 한국의 교육이 어떻게 변화해야 하는지 실질적인 해결 방안을 제안하고자 합니다.

"시험 점수는 능력의 한 단면일 뿐, 교육은 '무엇을 할 수 있는 사람'을 만드는 일이다."

- 하워드 가드너

"경쟁을 줄이고 신뢰를 키워야 아이가 배우고 싶어진다."

- 파시 살베리(Pasi Sahlberg)

세계적 석학들이 한국의 교육을 비판하는 진짜 이유

하워드 가드너 교수는 최근 한국의 교육 방식을 심도 있게 분석하며 "한국의 교육은 성적과 시험에 지나치게 집착한 나머지 아이들에게 진정으로 필요한 창의력, 비판적 사고력, 자기 주도 학습 능력을 제대로 기르지 못하게 하고 있다"고 강하게 비판했습니다.

핀란드 교육 전문가 파시 살베리 역시 저서 《핀란드의 끝없는 도전》에서 비슷한 지적을 했습니다. 그는 한국을 비롯한 아시아권 국가의 교육이 과도한 경쟁과 평가 중심으로 운영되고 있다며, 이런 방식이 결국 아이들의 행복과 창의성을 해친다고 말합니다.

세계 석학들이 한국 교육을 보며 놀라는 가장 큰 이유는 분명합니다. 시험 성적과 대학 진학에만 매달리다 보니, 아이들이 진정한 삶의 의미와 가치를 탐구하고 창의적으로 사고할 기회를 얻지 못한다는 점입니다.

한국 교육이 가진 근본적인 문제점

한국의 교육은 지나치게 시험 성적과 결과 중심에 치우쳐 있습니다. 좋은 성적을 얻는 것이 거의 유일한 목표가 되다 보니, 아이들은 어릴 때부터 성적을 올리기 위한 공부만 반복하게 됩니다. 그 결과 창의적이거나 자기 주도적인 학습 경험은 거의 하지 못하고, 학습의 본질적 의미를 깨닫지 못한 채 결과만 좇게 되는 문제에 빠집니다.

또한 교육 방식이 지나치게 획일적이고 주입식으로 이루어지고 있습니다. 교과과정과 수업 방식이 대부분 정형화되어 있어 아이들은 자신이 흥미를 느끼는 분야를 깊이 탐구할 기회를 얻지 못합니다. 주어진 지식을 암기하고 반복하는 데 익숙해지면서 독창적 사고와 창의력이 크게 떨어집니다.

더 큰 문제는 아이들의 심리적 발달과 정서적 안정을 제대로 고려하지 않는다는 점입니다. 많은 학교와 부모가 학습 성과를 더 중시하면서 정서적 안정과 발달은 소홀히 다루어집니다. 이로 인해 아이들은 안정되지 않은 상태에서 무리한 학습을 이어가게 되고, 장기적으로 정서적·심리적 문제를 겪을 위험이 커집니다.

마지막으로 한국 교육은 세계적으로도 보기 드물 정도로 경쟁과 평가 중심으로 운영되고 있습니다. 아이들은 끝없는 비교와 평가 속에서 큰 압박과 스트레스를 받고, 학습에 대한 흥미와 열정을 잃게 됩니다. 결국 학교에 가는 것 자체를 힘들고 괴로운 경험으로 여기게 됩니다.

우리는 친구를 '경쟁자'가 아니라 '미래의 동맹'으로 바라보는 문화를 만들어야 합니다. 유대인 사회가 서로 돕고 연결하며 투자하고 응원하는 문화를 가진 것처럼 단순 경쟁 속에서는 생겨나기 어려운 협력적 관계가 자리 잡아야 합니다.

그래서 우리 학교는 학생들을 성적으로 줄 세우는 대신 5년, 10년 뒤 함께할 동료로 상상하게 합니다. 친구를 미래의 우군으로 보는 훈련을 통해 서로가 '최고의 인재'로 성장할 수 있도록 믿어주고 응원하는 문화를 가르칩니다. '어렸을 때 친구가 진짜 친구'라는 말처럼 어린 시절부터 서로를 지지한다면 유대인들처럼 평생 든든한 네트워크가 형성될 수 있습니다.

여기서 중요한 것은 특정 집단을 이상화하는 것이 아닙니다. 핵심은 협력과 신뢰, 그리고 오래 이어질 관계를 만들어가는 학습 문화를 자리 잡게 하는 일입니다.

세계 최고의 교육 선진국들의 교육 방식은 어떻게 다른가?

핀란드, 덴마크, 스웨덴, 싱가포르, 스위스 등 세계 최고의 교육 선진국들은 한국과는 전혀 다른 방식을 택하고 있습니다. 이 나라들의 공통점은 아이들의 창의성, 자기 주도 학습 능력, 협업 능력, 비판적 사고력을 기르는 것을 교육의 핵심 목표로 삼는다는 점입니다.

첫째, 핀란드는 경쟁과 평가 중심 교육을 최소화합니다. 핀란드 학교는 경쟁과 시험 중심을 지양하고 아이들이 스스로 배우고 탐구하는 힘을 기르는 데 집중합니다. 아이들은 점수보다 배움의 과정을 중시하며, 협력과 토론으로 학습합니다. 형성 평가와 교사의 자율성이 강조되고, 평가는 '다음에 무엇을 할 것인가'에 초점이 맞춰집니다.

둘째, 덴마크와 스웨덴은 창의적이고 자기 주도적인 학습을 강조합니다. 이들 나라의 학교는 아이들이 관심 있는 분야를 깊이 탐구할 수 있도록 다양한 자율성과 선택권을 줍니다. 학생들은 스스로 학습 주제를 정하고 프로젝트와 탐구 중심의 수업을 통해 사고력과 창의성을 키웁니다. 덴마크와 스웨덴의 교육은 아이의 관심에서 출발해 주제를 심화시키는 데 중점을 둡니다. 이는 브루너가 강조한 '서사적 사고(narrative thinking)'가 수업의 중심에 서 있다는 점에서도 잘 드러납니다.

셋째, 싱가포르는 비판적 사고와 창의적 문제 해결 능력을 강조합니다.

과거 주입식 교육에서 벗어나 최근에는 비판적 사고와 창의적 문제 해결 능력을 키우는 데 집중하고 있습니다. 싱가포르 학생들은 실제 문제를 분석하고 해결하는 프로젝트를 통해 사고력과 문제 해결 능력을 기릅니다. 또 오류를 통해 배우는 '안전한 실패'를 제도화했습니다.

넷째, 스위스는 실무와 학습을 병행하는 이중 트랙(dual track) 제도를 운영합니다. 실무 중심 교육을 통해 현실적인 문제 해결 능력을 기릅니다. 학생들은 학교에서 배우는 동시에 현장 실습을 통해 실제로 필요한 능력을 익힙니다. 기업과 연계한 실습으로 실제적 역량을 키우며, 이는 듀이가 말한 '배우며 일하기'라는 교육 철학이 제도적으로 작동하는 좋은 사례라 할 수 있습니다.

한국 교육의 변화와 발전을 위한 현실적인 제안

한국 교육이 진정으로 발전하고 아이들이 행복하게 성장하려면 세계 교육 선진국들의 방식을 적극적으로 참고하고 받아들여야 합니다. 구체적으로 실천할 수 있는 몇 가지 제안을 드립니다.

첫째, 경쟁과 평가 중심의 교육에서 벗어나야 합니다.
학교는 시험 성적 위주의 평가를 줄이고, 아이들이 배움 그 자체를 즐기며 탐구할 수 있는 환경을 만들어야 합니다.

둘째, 학생들에게 더 많은 자율성과 선택권을 제공해야 합니다.

주제나 방법, 산출물에 대해 작은 선택이라도 할 수 있게 해야 합니다. 라이언과 데시의 '자기 결정성 이론'이 말하듯 자율성은 동기의 불씨가 됩니다. 다만 선택지는 2~4개 정도로 제한하는 것이 좋습니다. 하기 싫은 일을 억지로 지속하기는 어른도 힘듭니다. 그래서 아이에게는 먼저 '하고 싶은 이유'를 만들어주는 것이 중요합니다.

셋째, 아이들의 심리적 안정과 정서 발달을 우선해야 합니다.

학교와 부모는 무엇보다 아이들의 정서적·심리적 안정을 지켜주어야 합니다. 그래야 아이들이 행복하게 자랄 수 있습니다.

넷째, 현장 중심의 학습과 경험을 넓혀야 합니다.
학생들이 교실을 넘어 실제 사회와 현장을 경험하며 배우도록 다양한 실습과 체험 기회를 제공해야 합니다.

이런 변화가 자리 잡으면 한국의 아이들은 행복하면서도 성공적인 인재로 성장할 수 있습니다. 아이들이 즐겁게 배우고 성장할 수 있도록 이제는 교육 방식을 근본적으로 바꿔야 합니다. 아이들의 미래와 행복을 위해 지금 바로 변화가 필요합니다.

　기존 학교에서 실행하기 어려운 교육을 다양한 방식으로 실험해본 결과, 학생들의 만족도와 행복감이 기적처럼 높아졌습니다. 그에 따라 학업 의욕과 미래에 대한 성장 욕구도 자연스럽게 커졌습니다. 이렇게 꿈이 구체적이고, 현실적이며, 의지가 분명한 아이는 눈빛이 맑고 얼굴에서 광채가 나서 티가 나기 마련입니다. 그래서 부모라면 적어도 한 번쯤은 우리 자녀를 제3자의 시선으로 냉정하게 바라볼 필요가 있습니다. 지금 아이의 눈빛은 살아 있나요?

"

지지자(知之者) 불여호지자(不如好之者),

호지자(好之者) 불여락지자(不如樂之者).

즐기는 사람은 굳이 경쟁할 필요가 없다.

"

by 오두환

세상에서 가장 위험한 말,
"다들 이렇게 키우니까"

부모로서 아이를 키우며 가장 흔하게 듣는 말 중 하나가 '다들 이렇게 키우니까'입니다. 정말 그게 최선일까요? 한 반의 아이들이 같은 대학만 바라보는 동안, 정부가 운영하는 고용24 통계에는 무려 7만 8,000여 개의 직업이 열려 있습니다. 그런데도 부모는 자신이 아는 몇 안 되는 직업 중에서 안전해 보이는 길만 고르려 하고, 다른 사람과 같은 길을 택하는 것이 옳다고 믿습니다. 그래서 '다들 이렇게 키우니까'라는 말이 위로처럼 들리기도 합니다. 하지만 이 말은 아이의 길을 한 줄로 좁히고, 스스로 선택하고 설계할 기회를 빼앗습니다.

하버드대학교의 교육심리학자들과 교육 전문가들은 이 말이 아이들의 창의성, 자기 주도성, 진정한 성공 가능성을 심각하게 저해할 수 있다고 경고합니다. 캐럴 드웩은 남과 비교하는 틀에 갇히면 도전이 줄고 배움이 멈춘다고 했습니다. '자기 결정성 이론' 역시 자율성, 유능감, 관계성이 충족될 때 내적 동기가 살아난다고 말합니다. 칙센트미하이는 모두가 같은 답을 향해 달릴 때 몰입의 불씨는 꺼진다고 강조했습니다. 비고츠키의 '근접 발달 영역' 관점에서 교육은 아이가 '무엇이 되고 싶은가'를 스스로 말하게 하는 과정입니다. 따라서 발판은 아이 쪽에 놓여야 합니다.

'다들 이렇게 키우니까'의 부작용은 생각보다 깊습니다. 이번 편에서는 이 말이 왜 세상에서 가장 위험한 말인지, 그리고 획일적인 교육 방식이 아이들에게 어떤 문제를 남기는지 구체적으로 살펴보겠습니다. 나아가 부모가 어떻게 이 습관을 버리고, 아이들이 자신만의 방식으로 성장할 수 있도록 도울 수 있는지 현실적인 길도 함께 안내하겠습니다.

'다들 이렇게 키우니까'가 왜 위험한가?

캐럴 드웩은 '다른 사람들이 다 이렇게 하니까'라는 획일적인 사고방식이 아이들의 성장과 창의성을 크게 제한한다고 강조합니다. 부모가 다른 사람들의 기준과 방식을 그대로 따를 때, 아이들은 자기만의 강점과 개성을 발견하지 못하고 오히려 자신을 불신하며 열등감을 느끼기 쉽습니다.

스탠퍼드대학교의 심리학자 앤절라 더크워스는 저서 《그릿(Grit)》에서 부모가 아이의 독창성을 억누르고 획일적인 교육 방식을 고집하면 아이들의 끈기와 성장 가능성이 크게 떨어진다고 경고합니다. 아이들은 자신이 진정으로 원하는 것이 아니라 남들이 정한 기준에 맞추어 살게 되고, 결국 자기 성장을 경험하지 못한 채 무기력해진다고 말합니다.

'다들 이렇게 키우니까'라는 말이 위험한 가장 큰 이유는 아이들이 자기 자신을 믿지 못하게 만들고, 타고난 재능과 잠재력을 발견할 기회를 원천적으로 막아버리기 때문입니다. 획일적인 기준에 맞춰 키워질 때 아이들은 창의력과 독창성을 잃고, 자신의 강점을 발전시키기보다는 남과 자신을 끊임없이 비교하며 자존감과 자신감을 잃게 됩니다.

성공은 달리기처럼 결승선이 하나만 있는 경주가 아닙니다. 목적지가 같을 때만 순위가 생깁니다. 성적, 대학, 회사만을 성공의 기준으로 정의하면 각자의 목적지는 사라집니다. 반대로 자신이 선택한 분야에서 행복을 느낄 때 성취를 이어갈 가능성이 훨씬 높습니다. 남을 따라가는 사람이 아니라 자신만의 길을 개척하는 사람이 되기 때문입니다. 부모의 역할은 '길은 여러 개'임을 보여주는 데 있습니다.

이런 관점을 실천하기 위해 우리 학교는 국내 최초로 국내 최대 직업 체험 기관인 한국잡월드와 학교 시스템을 연결했습니다. 또 고용24

에 등재된 7만 8,000여 개 직업 분류를 학습 지도에 반영했습니다. 직업 적합도를 찾기 위해 전문 상담 교사가 2~4주 간격으로 학생과 1대 1로 면담을 진행하고 있습니다. 또한 여러 교사가 함께 참여하는 심층 면담 프로그램을 운영해 아이가 스스로 자신의 꿈과 성공의 기준을 정의하고 구체화할 수 있도록 돕고 있습니다.

획일적인 교육 방식이 아이들에게 미치는 부작용과 문제점

가장 큰 문제는 창의력과 독창성을 잃게 만든다는 점입니다. 획일적인 교육 방식은 아이들이 자신만의 생각과 아이디어를 표현하고 발전시킬 기회를 앗아갑니다. 모든 아이가 같은 방식으로 배우고 평가받는 환경에서는 독창적인 사고와 창의적인 문제 해결 능력을 키우기 어렵습니다. 시간이 흐르면 아이들은 점차 창의적 사고력이 부족해지고, 획일적인 사고방식에 갇히게 됩니다. 브루너는 서사적 사고와 의미를 구성할 기회가 줄어들면 깊이 있는 이해가 성장하기 어렵다고 했고, 해티는 결과만 강조하면 피드백의 효과가 떨어진다고 지적했습니다.

또 다른 문제는 자기 주도성과 자기효능감 저하입니다. 획일적인 교육을 따르는 아이들은 스스로 무엇을 할지 결정하고 행동할 기회를 거의 얻지 못합니다. 부모와 학교가 정한 기준에 맞추는 과정에서 자기 주도성과 자기효능감을 잃게 되고, 스스로 탐구하며 성장할 기회도 줄어듭니다. 결국 무기력하고 수동적인 태도가 생기게 되지요. 자기 결정 이론이 경고하듯 자율성이 결핍되면 동기가 약해집니다. 작은 선택이라도 스스로 할 때 배움은 오래 이어질 수 있습니다.

여기에 열등감과 불안감도 커집니다. 아이들이 다른 아이들과 끊임없이 비교되는 환경에서는 부족하다는 생각과 열등감을 느끼기 쉽습니다. '다들 이렇게 키우니까'라는 말은 곧 끊임없는 비교를 의미합니다. 이런 상황 속에서 아이들은 심각한 불안과 스트레스를 경험하게 되고, 정서적 안정과 행복감이 크게 흔들립니다.

마지막으로 잠재력과 강점을 발견하기가 어렵습니다. 획일적인 기준과 방식 속에서는 자신만의 잠재력과 강점을 드러내기 힘듭니다. 부모와 교사가 정한 목표와 기준에 따라 모두 같은 방향으로 배우고 성장하다 보면 아이들은 진정으로 좋아하고 잘할 수 있는 분야를 발견할 기회를 놓치게 됩니다. 하워드 가드너는 지능이 다중으로 발현된다고 했으며 단일한 잣대로는 아이의 숨은 강점을 드러낼 수 없다고 강조했습니다.

⫼ 아이들이 자기만의 독특한 방식으로 성장하도록 돕는 방법 ⫼

이제 부모가 '다들 이렇게 키우니까'라는 말에서 벗어나,

아이들이 자기만의 방식으로 자라날 수 있도록 현실적이고 구체적인 방법을 제안합니다.

첫째, 아이의 강점과 흥미를 발견하고 존중해주세요.
부모는 아이가 가진 고유한 강점과 흥미를 세심히 살펴야 합니다. 어떤 분야에 특별한 관심이나 재능을 보이는지 꾸준히 관찰하고, 아이가 그 흥미와 강점을 발전시킬 수 있도록 적극적으로 지원해주세요.

둘째, 비교 대신 성장 중심의 피드백을 주세요.
아이의 성취를 다른 아이들과 비교하지 말고, 스스로 얼마나 성장했는지에 초점을 맞춰야 합니다. 아이가 자신의 발전을 구체적으로 느낄 수 있도록 칭찬과 격려를 아끼지 마세요.

셋째, 자기 주도적 학습 환경을 만들어주세요.
아이들이 배우고 탐구할 주제를 스스로 선택할 기회를 주는 것이 중요합니다. 다양한 선택지를 제공하고 자율성을 보장해 아이가 자기 주도적으로 학습하며 흥미와 강점을 키울 수 있도록 해주세요.

넷째, 창의적이고 비판적인 사고를 격려해주세요.
정답만 따르지 않고 스스로 생각할 수 있도록 질문과 토론을 활용하세요. 아이가 자신의 아이디어를 자유롭게 표현할 수 있는 환경을 만들어주면 좋습니다. "왜 그렇게 생각했니?", "다른 방법은 없을까?" 같은 소크라테스식 질문을 습관화하세요.

다섯째, 다양한 경험과 도전을 제공해주세요.
아이들이 여러 경험과 도전을 통해 자신만의 방식으로 성장할 수 있도록 기회를 넓혀주세요. 다양한 분야를 접할 수 있도록 도와 아이가 관심과 재능을 발견하고 발전시켜나가도록 이끌어주세요.

한국의 부모들이 선택해야 할 진정한 교육 방식

'다들 이렇게 키우니까'라는 말에서 벗어나는 순간, 비로소 아이들은 자신만의 방식으로 성장할 수 있습니다. 한국 교육이 진정으로 변하려면 부모가 아이들의 고유한 강점과 흥미를 존중하고, 자기 주도적 학습을 통해 창의적인 사고와 문제 해결 능력을 기를 수 있도록 이끌어야 합니다.

이제 부모와 교사는 획일적인 교육 방식을 버리고 아이들이 스스로 자라고 배우는 힘을 믿고 격려해줘야 합니다. 아이들의 행복과 성공을 원한다면 '다들 이렇게 키우니까'라는 가장 위험한 말부터 내려놓으세요. 그 순간 아이들은 자신만의 잠재력을 발견하고 세상에 없는 길을 스스로 만들어나갈 수 있습니다. 이것이야말로 교육의 진짜 성공이자, 부모와 교사가 함께 걸어야 할 길입니다.

평범이라는 매력적인 함정은 겉보기에는 달콤하고 편안해 보이지만, 그 끝은 결코 달지 않습니다. 익숙함 속의 안정을 선택하면 잠시 위안은 얻을 수 있지만, 변화의 속도가 폭발적으로 빨라진 지금 세상에서는 그 자리에 머무는 것이 가장 큰 위험이 됩니다.

이미 국내에서도 카이스트와 포스텍 같은 혁신적인 대학들이 기존의 교육 방식을 넘어 앞으로는 입시에 수능을 전혀 반영하지 않겠다는 새로운 길에 도전하고 있습니다. 미국 실리콘밸리를 비롯한 세계의 혁신 기업들 또한 끊임없이 도전과 실험을 통해 성장하고 있습니다.

인공지능과 초연결 시대가 도래하면서 과거의 성공 방정식은 더 이상 통하지 않습니다. 이제는 기존 방식을 과감히 벗어나 세계의 우수한 교육 시스템과 혁신 기업의 변화 사례를 모니터링하고, 이를 교육 현장에 실질적으로 도입해야 합니다. 그것이야말로 미래 세대를 살아갈 우리 자녀들이 140세 시대를 준비하는 가장 현실적인 방법입니다.

남들처럼 평범하게 살라고 말하는 것은

자녀의 '특별한' 달란트를 짓밟는 일이다.

by 오두환

한국 부모가 절대로 하지 않는
단 하나의 결정적 교육법

"실패를 막는 것이 사랑일까요, 아니면 기회를 막는 걸까요?"

시험은 줄을 세우지만, 배움은 넘어짐에서 시작됩니다. 정말 실패를 막는 것이 최선일까요?

한국은 자녀 교육에 큰 비용과 시간을 투자하는 나라 중 하나입니다. 그런데도 여러 연구와 설문 결과는 한국 부모들이 자녀 교육에서 가장 중요한 단 하나의 결정적 교육법을 거의 실천하지 않는다는 사실을 보여줍니다. 하버드대학교의 교육심리학자들과 교육학자들은 이 교육법이 아이들의 학습 능력과 성취, 창의성, 정서적 안정, 그리고 행복에 엄청난 영향을 준다고 강조합니다.

이번 편에서는 한국 부모들이 거의 하지 않지만, 세계 교육 선진국에서는 반드시 실천하고 있는 그 결정적 교육법이 무엇인지 구체적으로 살펴보겠습니다. 나아가 한국 부모들이 아이의 행복하고 성공적인 미래를 위해 어떤 방법으로 이를 실천할 수 있는지도 함께 살펴보겠습니다.

한국 부모가 절대로 하지 않는 결정적 교육법은?

하버드대학교의 교육심리학자 캐럴 드웩 교수는 한국 부모들이 가장 많이 놓치고 있는 결정적 교육법으로 '실패를 허용하고 격려하는 교육'을 꼽았습니다. 한국의 많은 부모는 아이가 실패하거나 실수하는 것을 극도로 두려워하며, 어떻게든 실패를 피하도록 지도하려 합니다. 그러나 드웩 교수는 이런 방식이 오히려 아이들의 성장과 성공을 가로막는 가장 큰 걸림돌이 된다고 강조합니다.

실패를 허용하고 격려하는 교육은 아이가 넘어짐을 두려워하지 않도록 돕습니다. 오히려 실패를 통해 배우고 성장하는 힘을 길러줍니다. 이 교육법은 아이가 '성장 마인드셋'을 갖추는 데 결정적 영향을 미치며 장기적으로 더 큰 성취와 성공을 경험하게 하는 핵심입니다.

그래서 우리 학교도 프로젝트 대회나 현업과 연결된 도전을 꾸준히 이어가고 있습니다. 국내외 대회에 참가하는 이유도 단순히 성적이나 수상을 위해서가 아닙니다. 아이들이 실패를 통해 진짜 성장을 경험하도록 돕기 위해서입니다. 아이러니하게도 문제가 없는 삶에서는 진정한 행복을 느끼기 어렵습니다. 수많은 실패를 겪지 않았다면, 성공이 주는 기쁨과 보람도 결코 그만큼 달콤하지 않았을 것입니다.

왜 실패를 허용하고 격려하는 교육법이 중요한가?

성공한 사람들의 공통점은 단순합니다. 실패를 두려워하지 않는다는 것. 그리고 실패 속에서 배우고 성장할 줄 안다는 것입니다. 실패는 학습과 성장의 필수 과정입니다. 아이들은 넘어지고 다시 일어나는 경험 속에서 자신의 능력과 잠재력을 더 크게 키워갑니다.

심리학자 앤절라 더크워스는 《그릿》에서 '실패를 두려워하지 않고, 실패를 통해 배우고 성장하는 능력이야말로 성공의 가장 중요한 요소'라고 말했습니다. 실제로 더크워스의 연구에 따르면, 높은 성취를 이룬 사람들은 공통적으로 실패를 학습의 기회로 삼았습니다. 실패할 때마다 주저앉지 않고 끊임없이 도전하며 발전한 사람들입니다.

그러나 한국의 많은 부모는 아이가 실패하지 않도록 지나치게 보호합니다. 아이가 어려운 도전에 맞닥뜨리지 않도록 미리 길을 닦아줍니다. 하지만 이런 방식은 결국 아이가 스스로 문제를 해결하고 극복하는 힘을 앗아갑니다. 그 결과 아이들은 장기적으로 더 큰 실패 앞에서 버티지 못하게 됩니다.

실패를 허용하지 않는 교육의 부작용

한국 부모들이 실패를 허용하지 않는 교육 방식을 유지할 경우, 아이들에게는 실제적이고 심각한 부작용이 나타납니다.

먼저 아이들의 자존감과 자신감이 저하됩니다. 실패를 허용하지 않는 환경에서 자라는 아이들은 실패를 경험했을 때 극도로 위축되고 자신감을 잃게 됩니다. 실패를 두려워하며 도전을 기피하게 되고, 이는 결국 자존감과 자신감을 크게 훼손합니다.

또 성장 마인드셋 형성이 어렵습니다. 실패를 통해 배우고 성장하는 경험을 하지 못하는 아이들은 성장 마인드셋을 키우기 힘듭니다. 성장 마인드셋을 가진 아이들은 어려운 문제를 만났을 때 꾸준히 노력하며 발전할 수 있지만, 실패를 경험하지 못한 아이들은 어려운 상황에 직면했을 때 쉽게 포기하고 좌절합니다.

창의적이고 혁신적인 사고력도 저하됩니다. 창의적이고 혁신적인 사고력은 다양한 시도와 실패, 실험과 경험을 통해 발전합니다. 그러나 실패를 두려워하는 아이들은 안전한 길만 선택하려 하고, 새로운 아이디어를 시도하거나 창의적으로 생각하는 능력을 잃게 됩니다.

문제 해결 능력과 회복 탄력성 역시 약해집니다. 실패와 어려움을 경험하지 못한 아이들은 문제를 효과적으로 해결하고 극복하는 방법을 배우지 못합니다. 그래서 장기적으로 인생에서 마주하는 다양한 어려움을 이겨내지 못하게 됩니다.

▌▌▌ 실패를 허용하고 격려하는 올바른 교육법 실천 방안 ▌▌▌

이제 한국 부모들이 실패를 허용하고 격려하는 교육법을 어떻게 현실 속에서 실천할 수 있는지 구체적인 방법을 말씀드리겠습니다.

첫째, 아이들에게 실패가 자연스러운 학습의 일부임을 알려주세요.
아이들이 실패를 두려워하지 않도록 돕고, 그것을 정상적인 배움의 과정으로 인식하게 해야 합니다. 아이가 실패했을 때 그것이 능력 부족 때문이 아니라 성장과 배움의 필수적인 과정임을 이해하도록 지도해주세요.
"틀렸네" 대신 "단서가 생겼네", "여기부터가 연습이야"라고 말해보세요. 목표를 '정답'에서 '전략'으로 옮기면 아이는 다시 시도합니다. 틀린 문제를 말하던 아이가 연습 중인 아이, 탐구하는 아이로 바뀌는 것은 전적으로 지도하는 사람의 말과 태도에 달려 있습니다.

둘째, 아이의 실패에 긍정적으로 반응해주세요.

아이가 실패했을 때 부모가 긍정적이고 격려하는 태도를 보이는 것이 중요합니다. "실패는 누구나 하는 거야. 이번 실패에서도 배울 게 있어. 다시 도전해 보자!"라고 반응해 주세요.

또 짧게 물어보세요. "무엇을 시도했니?", "어디서 막혔니?", "다음에는 무엇을 바꿀 거야?", "언제 다시 시도할 거니?" 같이 간단한 인출·간격·계획의 질문들이 기억과 전략을 동시에 강화합니다.

셋째, 아이가 실패에서 배우고 성장할 수 있도록 질문을 던지세요.

아이가 실패의 원인을 분석하고 무엇을 배울 수 있는지 스스로 깨닫도록 이끌어야 합니다. "이번에 무엇을 배웠니?", "다음에는 어떤 방법을 시도하면 좋을까?" 같은 질문이 아이를 스스로 학습하게 합니다.

현재 수준에서 난도를 한 단계만 올려주세요. 비고츠키의 '근접 발달 영역'에 해당하는 '딱 버거운' 과제가 몰입을 이끕니다. 너무 쉬우면 권태가 생기고, 너무 어려우면 불안이 커집니다.

넷째, 아이가 도전할 수 있는 환경과 기회를 제공해주세요.

부모는 아이가 실패를 두려워하지 않고 다양한 시도를 할 수 있는 환경과 기회를 마련해야 합니다. 다양한 경험을 제공해 아이들이 스스로 도전하고 성장할 수 있도록 도와주세요. 피드백은 '사실-원인-다음' 3단계로 합니다. 행동 가능한 피드백은 아이의 유능감을 높이고 재도전을 이끌어냅니다.

사실: "세 문제 중 두 문제는 식을 잘 세웠고, 한 문제는 변수를 빠뜨렸어."

원인: "시간 배분이 뒤로 쏠렸네."

다음: "다음에는 10분 남았을 때 표시하고, 마지막 검산부터 하자."

다섯째, 부모가 먼저 실패에 대해 열린 태도를 보여주세요. 부모가 자신의 실패를 아이와 솔직하게 나누고 그 경험에서 배운 점을 이야기해주면 큰 힘이 됩니다. 부모가 열린 태도를 보이면 아이도 실패를 두려워하지 않고 성장의 기회로 받아들입니다. 하루에 한 번, 부모 자신의 작은 실패와 배운 점을 나눠보세요. 아이는 실패를 숨길 것이 아니라 '공유할 수 있는 자원'으로 인식하게 됩니다. 관계의 신뢰가 쌓일수록 아이의 도전도 쉬워집니다.

지금 실천해야 할 최고의 교육법

한국 부모들이 실패를 허용하고 격려하는 교육법을 적극적으로 실천할 때 아이들은 자기 주도성, 성장 마인드셋, 창의적 문제 해결 능력, 정서적 안정과 자신감을 얻게 됩니다. 이 교육법이야말로 아이들이 행복하고 성공적인 삶을 살아갈 수 있는 유일한 길입니다.

교육 현장에서 실패를 응원하는 '실패 챌린지'를 도입한 이유도 바로 여기에 있습니다. 에디슨 역시 이렇게 말했습니다. "나는 실패한 적이 없다. 단지 1,000가지 방법을 발견했을 뿐이다. 그 방법으로는 작동하지 않았을 뿐이다." 그에게 실패는 끝이 아니라 성공으로 가는 과정이었습니다.

이제 아이의 실패를 두려워하지 말아야 합니다. 오히려 실패를 통해 아이가 더 크게 성장할 수 있도록 격려하고 지원해야 합니다. 이 결정적인 교육법이야말로 한국 부모들이 자녀 교육에서 진정한 성공을 이루는 가장 강력한 방법입니다. 그리고 아이들의 삶을 바꾸는 가장 중요한 열쇠입니다. 이제 주저하지 마세요. 지금 바로 실천하세요. 그것이 우리 아이들의 미래를 행복하고 성공적인 길로 이끄는 최고의 교육법입니다.

8장

'학교 밖'에서 키워야
아이의 두뇌가 살아난다

"당신의 아이는 이미 천재입니다", 아이를 믿는 부모가 가진 특별한 힘

많은 부모님이 "우리 아이는 특별한 재능이 없지 않을까요?"라고 걱정하십니다. 그러나 세계적으로 유명한 교육심리학자와 신경과학자들은 모든 아이가 천재성을 가지고 태어난다고 강조합니다. 다만 그 천재성을 발견하고 키우는 과정에서 환경과 부모의 역할이 결정적일 뿐입니다. 특히 부모의 믿음이 장기 성취를 좌우하는 출발점임은 여러 차례 확인되었습니다.

하버드대학교 교육심리학자들 역시 아이의 천재성이 크게 발휘되는 조건으로 '부모의 믿음'을 꼽습니다. 아이를 진심으로 믿고 신뢰하는 부모 밑에서 자란 아이는 장기적으로 뛰어난 창의력, 자기 주도성, 자신감을 키우며 성공적으로 성장한다는 사실이 많은 연구를 통해 입증

되었습니다.

이번 편에서는 아이를 믿는 부모가 가진 특별한 힘을 살펴보고, 그 믿음을 통해 아이의 천재성을 발견하고 키워낼 수 있는 구체적이고 현실적인 방법을 안내하겠습니다.

부모의 믿음이 아이의 두뇌를 변화시킨다

심리학자 캐럴 드웩은 부모의 믿음이 아이의 성장 마인드셋을 형성하는 데 결정적인 영향을 준다고 강조합니다. 그의 연구에 따르면 부모의 긍정적이고 믿음 있는 태도를 받은 아이들은 두뇌에서 도파민과 같은 신경전달물질이 활발히 분비되며 학습 동기와 성취도가 크게 향상됩니다. 부모가 아이에게 "너는 할 수 있어", "너는 잘할 거야"라고 긍정적이고 신뢰하는 태도를 보일 때 아이의 두뇌는 실제로 변화를 일으킨다는 것입니다.

부모가 아이를 믿고 신뢰할 때 아이는 자신이 가치 있는 존재임을 느낍니다. 그리고 스스로 도전하고 성공할 수 있다는 믿음을 가지게 됩니다. 이러한 믿음은 두뇌에서 자신감과 자존감을 높이는 긍정적 반응을 일으키며, 장기적으로 학습 능력과 성공 가능성을 크게 끌어올립니다. 로버트 로젠탈(Robert Rosenthal)과 레노어 제이콥슨(Lenore

Jacobson)의 고전 연구에서도 교사의 높은 기대가 성취 향상을 이끈다는 '피그말리온 효과'가 확인되었습니다.

'우주선을 만드는 과학자가 되고 싶다'는 아이가 있었습니다. 몇몇 친구는 아이의 현재 실력만 보고 웃었습니다. 그때 학교는 규칙을 하나 만들었습니다. '10년 뒤 그 아이가 꿈에 다가가면, 우리 모두가 첫 탑승권을 받는다.' 분위기는 단숨에 바뀌었습니다. 집단의 기대가 아이의 행동과 이야기 구조를 바꾼 것입니다.

피그말리온 효과는 개인의 차원을 넘어 집단의 규범이 될 때 더 강력해집니다. 신앙적 언어로 말하면 연합된 중보기도와 같은 힘입니다. 막연한 응원이 아니라 구체적 기회, 과제, 기한이 더해질 때 그 믿음은 실제 성과로 이어집니다.

부모가 아이를 진심으로 믿고 신뢰하는 태도를 가지려면 구체적인 실천이 필요합니다. 다음은 아이를 믿는 부모가 현실에서 실천할 수 있는 방법입니다.

첫째, 아이의 작은 성취를 자주 인정하고 칭찬하세요.
아이들이 작은 성취를 했을 때마다 구체적으로 칭찬하고 인정해주세요. 부모의 작은 칭찬과 인정이 아이에게는 큰 힘이 되고 자신감을 심어줍니다.

둘째, 아이의 의견과 선택을 적극적으로 존중하세요.

스스로 선택하고 결정할 기회를 자주 제공하고, 그 의견을 진지하게 존중해주세요. 자신의 의견이 존중받고 있음을 느낄 때 아이는 더욱 자신감을 가지고 성장합니다.

셋째, 아이의 실패와 실수를 격려하고 지지하세요.

아이가 실패하거나 실수를 했을 때 비난하거나 꾸짖지 말고, 그것을 성장의 기회로 삼도록 격려해주세요. 실패를 두려워하지 않고 도전할 수 있도록 부모가 믿고 있다는 태도를 보여주는 것이 중요합니다.

넷째, 아이의 강점과 가능성을 자주 언급하고 신뢰하세요.

아이가 가진 강점과 가능성을 자주 이야기하며 믿음을 심어주세요. 부모의 신뢰는 아이에게 강력한 동기부여와 성취감을 줍니다.

다섯째, 아이와 깊이 있는 대화를 통해 믿음과 신뢰를 표현하세요.

매일 아이와 깊이 있는 대화를 나누며 생각과 감정을 자유롭게 표현하도록 이끌어주세요. 부모가 진심으로 경청하고 공감할 때 아이는 자신이 존중받고 신뢰받는 존재임을 느낍니다.

아이의 천재성을 깨우는 부모의 특별한 믿음

부모가 아이를 진심으로 믿고 신뢰하는 힘은 아이 안에 이미 존재하는 천재성을 깨우는 가장 강력한 도구입니다. 아이가 천재로 자라는 것은 타고난 재능 때문이 아닙니다. 부모의 믿음과 지지 속에서 스스로 성장 마인드셋을 키우고, 끊임없이 노력하며 발전해 온 결과입니다.

이제 한국의 부모와 교사들도 아이를 진정으로 믿고 지지하는 법을 배워야 합니다. 물론 이는 결코 쉬운 일이 아닙니다. 우리 학교 역시 이 변화를 실천하기 위해 교사들이 오랜 시간 동안 훈련을 거쳐야 했습니다. '믿는다'는 말을 하는 것과 '스승님이 나를 진짜 믿어주고 있다'라고 아이가 확실히 느끼도록 하는 것은 전혀 다른 차원의 일입니다. 아이는 자신을 믿어주는 스승 밑에서 자랄 때 강점과 잠재력을 최대치로 발휘하며 놀라운 성장을 이룹니다. 결국 스승이 아이에게 줄 수 있는 최고의 선물은 믿음과 신뢰입니다.

저 역시 학창 시절 '문제아', '집중력 결핍'이라는 낙인을 여러 번 받았습니다. 그러나 몇몇 멘토는 '너는 해낼 사람'이라 말하며 끝까지 기다려주었습니다. 그 믿음이 모여 저를 다시 시도하게 만들었습니다. 믿음은 아이의 가능성을 깨우는 스위치입니다. 스위치는 손으로 눌러야 켜집니다. 당신의 아이는 이미 천재입니다. 부모와 교사가 가진 특별한 믿음을 통해 아이는 진정한 천재로 성장할 수 있습니다.

학교는 절대 가르쳐주지 않는 '아이의 두뇌가 스스로 작동하게 만드는 방법'

정답을 빨리 맞히는 아이와 질문을 만들어내는 아이, 10년 뒤 누가 더 크게 성장해 있을까요? 아이들의 두뇌가 가장 활발하게 작동하는 순간은 언제일까요? 학교에서 선생님이 내준 문제를 푸는 시간일까요, 아니면 아이가 스스로 호기심을 가지고 주도적으로 탐구할 때일까요?

최근 교육심리학과 신경과학 연구는 두뇌가 가장 효과적으로 작동하는 순간은 바로 아이가 스스로 궁금해하고, 질문하며, 문제를 해결하려고 노력할 때라는 사실을 분명히 입증했습니다. 미국의 신경과학자 존 메디나는 "두뇌는 자발적 탐구에서 가장 강하게 활성화된다"고 말합니다. 아이가 궁금증을 품고 자료를 찾는 동안 신경 연결은 촘촘해지고, 이해의 깊이는 달라집니다.

캘리포니아대학교 데이비스(University of California, Davis)의 마티아스 그루버(Matthias Gruber) 연구팀은 호기심이 생기면 보상회로가 켜지고 해마 기반 학습이 강화된다는 사실을 밝혔습니다. 놀라운 점은, 호기심 상태에서 접한 부수적인 정보까지 더 잘 기억했다는 것입니다. 또한 아이가 문제를 스스로 정의하고 해결 절차를 설계할 때 전두엽이 활발히 작동하며, 그 경험은 이후 더 복잡한 과제로 이어집니다. 결국 '왜일까'를 스스로 붙잡는 순간 두뇌는 가장 경제적이면서도 가장 깊게 일합니다.

교실 밖에서 켜지는 뇌:
경험이 질문을 낳고, 질문이 학습을 이끕니다

우리 학교의 바로 위층에는 저를 포함해 100여 명(프리랜서 포함)이 함께 일하는 실제 업무 현장이 있습니다. 광고, 출판, 언론, 디자인, 영상 제작과 편집, SNS 홍보, 앱 개발, 홈페이지 제작, 외식 프랜차이즈, 숙박업까지 20여 개의 살아 있는 사업 프로젝트가 펼쳐지고 있습니다. 또 옆 건물의 치과, 피부과, 한의원과도 협력해 희망하는 학생은 하루 단위로 현장을 직접 체험합니다. 책과 영상으로만 접하던 일을 직접 경험하는 순간, 아이들의 질문이 쏟아집니다. 밖에서 지켜보기만 해서는 호기심조차 생기기 어렵습니다. 현장은 '호기심을 켜는 스위치'가 됩니다.

하버드대학교, 스탠퍼드대학교, MIT 등 세계 최고의 연구진들은 한목소리로 강조합니다. 아이의 두뇌가 스스로 작동하도록 이끄는 경험이야말로 학습 능력, 창의성, 문제 해결력을 키우는 가장 효과적인 방법이라고 말합니다. 그러나 안타깝게도 한국의 학교 교육은 여전히 아이들이 스스로 두뇌를 움직이고 능동적으로 탐구하는 힘을 충분히 길러주지 못하고 있습니다.

이번 편에서는 학교에서는 결코 알려주지 않는, 그러나 아이의 두뇌를 스스로 작동시키고 발전시키는 놀라운 원리와 방법을 명확히 짚어보려 합니다. 더 나아가 아이가 두뇌를 스스로 작동시키며 학습할 수 있도록, 현실에서 바로 실천할 수 있는 구체적인 방법도 함께 안내하겠습니다.

두뇌가 스스로 움직일 때 가장 크게 발달한다는 과학적 근거

최근 신경과학 연구는 두뇌가 단순히 수동적으로 정보를 받아들이는 것이 아니라 스스로 문제를 발견하고 해결하며 탐구할 때 가장 효율적으로 작동하고 발달한다는 사실을 보여줍니다. 이러한 현상은 여러 과학적 근거로 확인됩니다.

두뇌는 능동적이고 자발적인 탐구와 학습을 할 때 더욱 활발히 작동합니다. 미국 신경과학자 존 메디나는 《브레인 룰스》에서 "인간의 두뇌는 자발적이고 능동적인 탐구를 할 때 신경 연결과 기능이 가장 활발히 활성화된다"고 말합니다. 아이가 스스로 궁금해하고 질문하며 탐구하는 순간, 두뇌는 더 많은 신경 연결을 형성하고 인지 기능을 높입니다.

또한 자발적인 호기심과 질문은 두뇌의 도파민 분비를 촉진합니다. 캘리포니아대학교 버클리의 연구에 따르면 아이들이 자발적으로 질문하고 호기심을 느낄 때 뇌에서 도파민 분비가 증가합니다. 도파민은 두뇌의 보상 시스템을 활성화해 학습 동기를 높이고 기억력과 인지 능력을 크게 향상시킵니다.

마지막으로 능동적인 문제 해결 활동은 두뇌의 전두엽을 더욱 활성화합니다. 스탠퍼드대학교 연구팀은 아이가 직접 문제를 발견하고 이를 해결하기 위해 탐구할 때 두뇌의 전두엽이 가장 활발하게 작동한다는 사실을 확인했습니다. 전두엽은 복잡한 사고, 문제 해결, 창의력을 담당하는 핵심 영역입니다. 아이가 스스로 문제 해결에 나설 때 두뇌는 가장 복합적이고 창의적인 사고를 하게 됩니다.

학교는 절대 가르쳐주지 않는 자기 주도적 두뇌 작동의 원리

한국의 학교 교육에서는 주어진 문제와 정답을 찾는 훈련만 이루어집니다. 아이들이 스스로 두뇌를 작동시키고 탐구하는 훈련은 거의 없습니다. 그러나 두뇌가 가장 효과적으로 작동하기 위해서는 자기 주도적이고 능동적인 탐구가 필수적입니다. 자기 주도적 두뇌 작동의 핵심 원리는 이렇습니다.

아이들의 자발적인 질문과 탐구를 적극적으로 장려해야 합니다. 부모와 교사가 아이들이 스스로 질문하고 탐구할 수 있도록 격려할 때, 두뇌는 가장 활발히 작동하며 깊이 있는 학습이 일어납니다.

또한 아이들이 직접 문제를 발견하고 해결할 기회를 주어야 합니다. 단순히 주어진 문제를 푸는 데 그치지 않고 실제적인 문제를 스스로 정의하고 해결책을 찾는 과정에서 두뇌는 활발히 움직이며 창의적 사고력과 문제 해결 능력을 기르게 됩니다.

여기에 더해, 학습 과정에서 충분히 실패하고 극복하는 경험이 필요합니다. 실패와 어려움을 넘어서는 순간 두뇌는 가장 강하게 자극을 받습니다. 아이들이 실패를 겪고 이를 이겨내는 과정에서 두뇌는 더욱 활발히 작동하며 성장합니다.

마지막으로 아이들이 학습 주제와 방법을 직접 선택할 수 있도록 해야 합니다. 스스로 선택한 학습은 두뇌를 더욱 자발적으로 작동시키며 학습 효과를 크게 높입니다. 이런 환경이야말로 아이들의 두뇌를 가장 강력하게 자극하고 발전시키는 토대가 됩니다.

부모와 교사가 아이의 두뇌가 스스로 작동하도록 도울 수 있는 구체적인 방법은 다음과 같습니다.

첫째, 아이가 스스로 질문을 던지고 답을 찾아가도록 습관을 길러주세요.
아이가 자발적으로 질문을 던지고 답을 찾을 수 있도록 격려하는 환경을 마련해주세요. 스스로 질문을 만들고 그 답을 탐구하도록 도와주는 것이 중요합니다.

둘째, 아이가 직접 문제를 발견하고 해결할 수 있는 경험과 프로젝트를 마련해주세요.
학교 밖에서 현실적인 문제를 발견하고 해결할 수 있도록 다양한 프로젝트와 경험을 제시해주세요. 아이가 직접 해결 과정에 참여하면서 두뇌가 더 활발히 작동할 수 있습니다.

셋째, 아이가 실패를 두려워하지 않도록 따뜻하게 격려하고 지지해주세요.
아이들이 실패와 실수를 경험하고 극복할 수 있도록 따뜻하게 지지해주세요. 실패를 두려워하지 않고 도전할 수 있는 환경을 만들어주는 것이 필요합니다.

넷째, 아이가 배우고 싶은 주제와 방법을 스스로 고를 수 있게 해주세요.
아이들이 스스로 학습 주제와 방법을 선택할 수 있도록 충분한 자율성을 주세요. 흥미를 느끼는 분야에서 자기 주도적으로 배울 수 있도록 옆에서 도와주는 것이 중요합니다.

다섯째, 아이가 직접 부딪히고 해결할 수 있는 현실적인 과제를 주세요.
아이는 실제적인 도전 과제를 풀어가는 과정에서 두뇌가 가장 활발히 움직입니다. 부모와 교사는 일상에서 만나는 문제나 새로운 과제를 제시하고, 아이가 직접 해결하도록 이끌어야 합니다. 예를 들어 가정에서 일어나는 문제를 스스로 해결하게 하거나, 지역 사회의 문제를 조사하고 해결책을 탐구하게 하는 것도 좋은 방법입니다. 이런 경험 속에서 두뇌는 가장 능동적으로 작동하며, 아이는 더 창의적이고 깊이 있는 문제 해결 능력을 키우게 됩니다.

여섯째, 아이가 탐구한 내용을 직접 발표하고 설명하게 해주세요.
아이가 탐구한 내용을 직접 발표하고 설명할 때 두뇌는

강하게 활성화됩니다. 발표 과정에서 자기 생각을 정리하고 표현하면서 다양한 두뇌 영역이 동시에 작동합니다.

부모와 교사는 아이가 탐구한 주제를 사람들 앞에서 발표하고 설명할 기회를 적극적으로 제공해야 합니다. 이런 경험은 아이의 자신감, 표현력, 의사소통 능력을 높이고 두뇌의 인지 기능을 한 단계 더 발전시키는 밑거름이 됩니다.

일곱째. 전문가나 멘토와 꾸준히 소통하고 만날 기회를 주세요.

아이가 관심 있는 분야에서 성과를 낸 전문가나 멘토를 꾸준히 만나고 대화할 수 있도록 지원하는 것은 매우 중요합니다. 이런 만남과 멘토링은 아이가 스스로 문제를 발견하고 해결하는 방법을 배우도록 돕고, 실제 현장에서 두뇌가 더 능동적으로 작동하게 만드는 강력한 동기가 됩니다.

부모와 교사는 아이들이 전문가와 멘토를 자주 접하고 꾸준히 소통할 수 있도록 적극적으로 도와야 합니다. 아이들은 전문가와의 관계 속에서 직접적인 지도를 받고, 현장 경험을 쌓으면서 두뇌를 더 창의적이고 깊이 있게 발전시켜 나갈 수 있습니다.

아이들의 두뇌가 스스로 작동하게 하는
교육법이 만들어내는 장기적 효과

아이들이 자신의 두뇌를 스스로 작동하고 탐구하게 하는 교육법은 장기적으로 다음과 같은 중요한 변화를 가져옵니다.

평생 학습하고 성장할 수 있는 힘을 얻게 됩니다. 자기 주도적으로 질문하고 탐구하며 배우는 습관이 자리 잡으면, 이는 아이가 평생 학습과 발전을 이어가는 가장 큰 토대가 됩니다.

또 창의적이고 혁신적인 사고력이 크게 자랍니다. 두뇌를 스스로 움직여 탐구할 때 아이들은 복잡한 문제를 독창적으로 해결하고 새로운 아이디어를 만들어내는 능력을 키우게 됩니다.

자신감과 자기효능감도 커집니다. 스스로 문제를 풀고 성취를 경험하는 과정에서 두뇌는 긍정적인 자극을 받고 아이는 자신의 가능성과 능력을 믿게 됩니다.

마지막으로 협력 능력과 사회성이 함께 성장합니다. 자기 주도적인 사고와 탐구는 다양한 사람들과 소통하고 협력하는 힘을 길러줍니다. 이는 실제 사회에서 성공적으로 살아가는 데 꼭 필요한 자산이 됩니다.

이제 학교 밖에서 아이의 두뇌를 키우는 방법을 실천해야 합니다. 아이들의 두뇌가 스스로 작동하게 만드는 방법은 교실 안에서만 배울 수 있는 것이 아닙니다. 부모와 교사가 적극적으로 나서 아이들이 학교 밖에서 탐구하고 배우는 환경을 만들어줘야 합니다.

결과를 '세상으로' 보내면 배움은 완성됩니다

분야별 탐구가 쌓이면 자신이 속한 분야에서 새로운 관점을 제시할 수 있는 칼럼이나 책을 쓸 수준에 이르게 됩니다. 물론 책이나 칼럼을 쓴다고 해서 곧바로 출판사 출간이나 언론 게재로 이어지기는 어렵습니다. 그러나 저희는 이 과정을 매우 중요하게 보았기에 출판사와 언론 채널을 직접 운영하며, 학생 작품이 실제 출간·게재·방송으로 이어지도록 길을 열어두었습니다. 이 책 역시 그러한 노력의 연장선에 있습니다.

학교 밖에서도 방법은 있습니다. 출판사와 언론사의 투고 메일로 원고를 보내거나, 지역 신문이나 전문지의 '독자 기고' 코너를 활용하면 됩니다. 발표 기회가 늘어날수록 아이는 더 명확히 쓰고 말하게 됩니다. '누군가가 읽는다'는 현실을 의식하는 순간, 그것이 글을 가장 단단하게 다듬는 힘이 됩니다.

또한 인턴십 파이프라인을 체계화했습니다. 공통 메일 서식과 학습 목표·역할·혜택을 정리한 제안서를 만들고, 활동이 끝난 뒤에는 보도자료와 영상 홍보로 성과를 알립니다. 이렇게 서로에게 이익이 되는 구조를 만들어 파트너십을 맺은 것이지요.

예를 들어 협력해준 회사나 인물을 언론에 소개하거나, 자체 유튜브 채널에 촬영·편집한 콘텐츠로 올려주고, 비즈니스 홍보를 돕는 등 다양한 방식으로 지원합니다. 가정과 학교도 지역 상공회의소, 사회적 기업, 공공기관 등에 제안서를 보내 협력을 요청할 수 있습니다. 이런 현장 경험은 아이의 전략적 사고, 협업 능력, 책임감을 단기간에 크게 성장시킵니다.

아이들은 단순히 지식을 배우고 현장을 경험하는 것에서 멈추지 않아야 합니다. 책이나 강연으로 직접 설명할 수 있어야 하고, 유튜브 같은 영상 플랫폼을 통해 대중에게 지식을 전할 수 있어야 합니다. 때로는 전문 칼럼이나 논문으로 자신의 전문성을 증명하는 과정도 필요합니다. 이제 교육은 단순한 학습을 넘어 진학, 취업, 창업까지 연계해 준비해야 합니다.

저희는 쉽지 않았지만, 이 점을 특히 중시하기 때문에 초·중·고 검정고시를 빠르게 취득하도록 돕고, 중·고등학생 시기부터 실무 중심 현장이나 학교와 연계하는 과정도 운영하고 있습니다. 또한 진학, 취업, 창업의 세 분야로 나누어 학생들의 성장과 성공을 지원하고 있습니다. 이렇듯 부모와 교사는 아이들에게 더 많은 자율성과 기회를 열어주어야 합니다. 아이들이 현실에서 직접 경험하고 탐구하며 배우는 힘을 기를 수 있도록 적극적으로 지원해야 합니다.

이제는 아이들이 진정으로 창의적이고 자기 주도적인 인재로 성장할 수 있도록 학교 밖에서 두뇌를 살아나게 하는 교육 방식을 실천해야 할 때입니다. 아이들의 두뇌가 깨어나고, 진정한 성공과 행복을 이룰 수 있도록 지금 바로 변화와 실천을 시작하세요. 이것이 진정한 교육의 성공을 이루는 가장 강력한 방법입니다.

"

자신의 능력과 성과를 증명하는 능력이야말로

세상을 자유롭게 살아갈 가장 큰 능력이다.

"

by 오두환

100일 뒤, 아이의 미래를 바꿀 준비가 되셨나요?

당신 아이의 내일은 이 책의 마지막 페이지에 달려 있습니다.

부모가 되는 순간부터 우리는 아이의 행복한 미래를 꿈꿉니다. 아이가 자기 삶을 주체적으로 살고, 자신만의 재능을 꽃피우며, 세상에 긍정적이고 의미 있는 영향을 주는 사람으로 자라기를 소망합니다. 하지만 현실 속 부모들은 그런 꿈을 품으면서도 정작 필요한 실천은 뒤로 미루곤 합니다. '언젠가 시작해야지' 하고 생각하며 시간을 흘려보내는 경우가 많습니다.

여러분은 지금까지 이 책을 통해 다양한 교육 이론과 실천 방안, 뇌 과학적 접근을 살펴보며 아이들이 진정한 천재성과 독특한 재능을 발휘할 수 있도록 돕는 방법을 배웠습니다. 그러나 정말 중요한 것은 이 모든 것을 '지금 당장' 실행하는 것입니다. 아이의 미래는 부모가 지금 어떤 행동을 선택하느냐에 달려 있습니다.

이 책을 덮고 난 뒤, 여러분이 아이를 위해 반드시 실천해야 할 단 하나의 결정적 교육 습관을 말씀드리겠습니다. 지금 당장 시작해야 할 이 습관은 아이의 미래를 완전히 바꿀 힘을 가지고 있습니다. 그 실천법은 바로 이것입니다.

"매일 아이와 깊이 있는 대화를 시작하라."

하버드대학교 교육심리학자들과 여러 교육 전문가들이 지난 수십 년간 진행한 연구는 한 가지 사실을 분명히 보여줍니다. 아이의 삶에서 가장 큰 변화를 이끄는 핵심 요소는 바로 '부모와 아이 사이의 깊이 있는 대화'라는 것입니다. 부모와 아이가 매일 나누는 진지한 대화는 학습 능력과 성취, 창의성, 자기효능감, 정서적 안정, 리더십까지 모든 영역에서 아이를 성장시키는 결정적 열쇠가 됩니다.

교육심리학자 캐럴 드웩 교수는 '부모와 아이가 매일 꾸준히 나누는 깊이 있는 대화가 아이의 성장 마인드셋을 형성하는 가장 강력한 방법'이라고 강조했습니다. 이렇게 대화하는 습관이 있는 아이는 어떤 어려움 앞에서도 포기하지 않고, 끊임없이 성장하며 성공과 행복을 경험할 가능성이 훨씬 높습니다.

매일 아이와 깊은 대화를 나누는 이 단순한 실천법은 놀라울 만큼 강력합니다. 부모가 이 책을 덮는 순간, 지금 바로 이 작은 습관을 시작한다면 100일 후 아이의 삶과 두뇌, 태도와 능력은 전혀 다른 모습으로 바뀌어 있을 것입니다.

당신의 아이는 이미 무한한 잠재력을 가진 존재입니다. 부모가 매일 깊이 있는 대화를 통해 아이를 신뢰하고 지지할 때, 아이는 스스로의 잠재력을 발견하고 자신이 진정 원하는 삶을 살아갈 수 있습니다. 그러니 지금 당장 아이와 깊이 있는 대화를 시작하세요. 이것이야말로 아이의 미래를 바꾸는 가장 확실하고 강력한 방법입니다. 아이가 행복하고 성공적인 삶을 살아갈 수 있도록 바로 지금부터 실천하시길 바랍니다.

끝으로 이 책에 담긴 모든 것은 부족한 제가 아니라 하나님께서 쓰셨음을 고백합니다. 덧붙여 매일 새로운 영감을 주는 두 아들 오세종과 오세혁, 늘 제 가능성을 믿어주고 곁을 지켜준 아내, 저와 함께 해주는 100여 명의 직원, 제 책을 사랑해주시는 독자분들께 사랑과 감사의 마음을 올립니다.

두 아이의 성장 과정과 학교 학생들의 질문과 호기심, 몰입과 작은 성취의 순간들을 보며 이 책이 단순한 이론을 넘어 삶에서 증명된 실전 교육임을 확신하였습니다. 아이들을 바라볼 때마다 다시 깨닫습니다.

아이의 잠재력은 이미 그 안에서 자라고 있고, 부모와 스승의 사랑과 대화는 그 가능성을 깨우는 가장 강력한 힘이라는 것을.

지금, 당신의 아이는 이미 천재입니다. 이제 여러분이 그 가능성을 깨워줄 차례입니다.

국제혁신영재사관학교 교장

오두환

몰입이 어려운 ADHD 학생을 위한 '7단계 교육법' 맞춤 설계

ADHD는 의지 부족의 문제가 아니라 주의 전환, 실행 기능, 보상 민감성에서 나타나는 신경학적 차이로 이해해야 합니다. 하지만 그렇다고 해서 몰입이 불가능한 것은 아닙니다. 과제 설계를 적절히 하고, 환경을 조정하며, 리듬감 있는 피드백을 결합하면 오히려 깊은 몰입과 창의적인 산출을 경험할 수 있습니다. 이에 본교의 7단계 교육법을 ADHD 학생에게 맞춰 다음과 같이 세부적으로 설계할 것을 제안합니다.

1단계: 정체감과 목적에서 시작합니다.

ADHD 학생은 관심 기반 동기와 즉각적인 보상에 민감합니다. 따라서 '나는 어떤 사람이며 무엇을 위해 배우는가'를 짧고 자주 확인하는 루틴이 필요합니다. 아침 첫 시간에는 3분 정도 시간을 내어 자기 선언을 쓰게 합니다.

- 오늘의 한 문장 사명
- 오늘의 한 가지 선행
- 오늘의 핵심 과제 한 줄

이 세 가지를 적도록 합니다. 명상실이나 기도 시간을 활용해 호흡을 안정시키고, 교사는 마지막에 한 문장 질문으로 마무리합니다. "오늘 네가 배운 것이 누구에게 선이 될까?" 실존적인 질문이 짧고 분명할수록 주의가 흐트러지지 않고 집중이 유지됩니다.

2단계: 흥미의 문을 넓히되 진입로를 낮춥니다.

초록색 파장은 흥미와 도전이 만나는 지점에서 가장 강해집니다. ADHD 학생에게는 15~20분짜리 미니 실험으로 탐색을 시작하는 것이 좋습니다. 같은 주제라도 감각을 바꿔 경험하게 합니다.

- 읽기 5분
- 손으로 만들기 5분
- 짧은 토론 5분

이렇게 활동 방식을 바꿔 이어가면 주의 흐름이 끊기지 않습니다. 만약 잘 맞지 않는다고 판단되면 지체하지 말고 1단계로 돌아가 사명과 흥미를 다시 맞춰야 합니다. 억지로 버티는 시간은 결국 큰 후회로 이어집니다. 처음부터 빠르게 조정하는 것이 아이의 소중한 시간을 지키는 길입니다.

3단계: 긴 몰입을 '계단식'으로 만듭니다.

ADHD 학생에게는 한번에 길게 집중하는 것보다 계단을 오르듯 조금씩 단계를 밟아가는 방식이 더 효과적입니다.

처음 10분은 예열 구간입니다. 예를 들어 손으로 계획 적기 2분, 20초 카운트다운, 첫 문제 풀기 7분처럼 움직임이 포함된 짧은 루틴을 만들어줍니다. 이런 짧은 도전일 때는 "벨이 울릴 때까지만 해보자"라고 미리 알려주면, 아이는 그것을 게임처럼 느끼며 훨씬 즐겁게 몰입할 수 있습니다.

다음 20~30분은 핵심 작업 구간입니다. 이때는 즉각적인 피드백이 중요합니다. 풀이가 맞았는지, 다음 단계가 무엇인지 바로 확인할 수 있게 합니다. 이어서 2~3분은 짧은 휴식을 줍니다. 가벼운 스트레칭, 물 마시기, 복식호흡 등으로 몸을 잠깐 전환한 뒤 다시 20~30분 작업을 반복합니다. 이렇게 3회만 해도 90분의 깊은 몰입이 가능합니다.

교실에서는 종을 치는 대신 전환 신호를 가볍게 줍니다. 벨 소리로 흐름을 끊기보다는 "정점까지 3분만 더 갑니다", "정리 2분 시작합니다" 같은 언어 신호가 좋습니다. 몰입은 물이 100도에 오르듯 예열 시간이 필요합니다. 40분마다 강제로 멈추면 뇌는 정점까지 올라가려 하지 않습니다. 반대로 정점 직전과 직후에 맞춰 휴식을 배치하면 긴 시간 몰입이 가능합니다.

4단계: 몸을 쓰는 학습이 곧 집중 전략입니다.

ADHD 학생은 신체 감각과 움직임이 함께할 때 사고가 더 선명해집니다. 서서 토론하기, 보드 마커로 크게 쓰며 발표하기, 걸으면서 대화하기, 교실 밖에서 짧게 관찰 활동하기 같은 방식을 배치합니다. 실제 현장 실습은 과제의 목적을 눈앞에 보여주기 때문에 동기를 강하게 자극합니다.

프로젝트를 진행할 때는 역할을 잘게 나눕니다. 예를 들어 자료 찾기, 도식 그리기, 발표 구조 짜기처럼 한 번에 하나의 책임만 맡기도록 합니다. 작은 성공 경험을 자주 반복할수록 아이의 자기효능감은 빠르게 높아집니다.

5단계: '단 한 사람'의 즉각적인 피드백이 약입니다.

프레네가 강조한 관계의 힘은 ADHD 학생에게 더욱 크게 작용합니다. 교사는 결과보다 과정을 먼저 살펴 성실함에 대한 피드백을 줘야 합니다. "네가 20분 계획을 지키고 정리 2분을 해냈구나" 이처럼 행동을 구체적으로 칭찬하는 것이 중요합니다.

평가도 짧고 자주 이루어져야 합니다. 주간 한 번의 큰 평가보다 하루 세 번의 작은 피드백이 동기를 유지시킵니다. 칭찬 스티커나 마일리지 같은 보상도 도움이 되지만, 가장 강력한 보상은 '네가 한 일이 누구에게 도움이 되었는지'를 연결해주는 피드백이 더욱 의미 있습니다.

6단계: 읽기는 천천히, 토론은 자주, 쓰기는 짧게 시작합니다.

세인트존스대학교식 독서 기반 학습을 그대로 적용하되 시작 문턱을 낮춥니다. 소리 내어 함께 읽기, 오디오북 활용하기, 문단마다 질문 하나씩 붙이기, 여백에 도형으로 요약하기 같은 다양한 방법을 활용해 다중 경로 독서를 합니다.

토론은 15분 단위로 끊어 주고 쓰기는 다섯 문장 요약으로 시작해 열 문장, 1페이지로 차츰 늘려갑니다. 중요한 것은 텍스트의 길이가 아니라, 생각의 깊이에서 성장을 체감하게 하는 것입니다.

7단계: ADHD의 강점을 전면에 끌어올립니다.

세계 상위 대학과 혁신 학교는 문제 중심 수업, 팀 기반 활동, 실전 과제를 선호합니다. 이는 빠른 속도와 유연성, 아이디어 도약에 강점을 가진 ADHD 학생에게 딱 맞는 무대입니다.

팀 과제에서는 발상, 시제품 제작, 즉흥 발표 등 초기 점화 역할을 맡기고 일정 관리와 문서 정리는 동료와 역할을 바꿔 맡도록 합니다. 협업은 약점을 가려 주고 강점을 키워주는 가장 현실적인 방법입니다.

교실과 가정에서 바로 쓰는 몰입 설계 체크리스트

시작할 때는 루틴을 고정하세요.	☐
'자리 정리 1분' → '오늘의 한 문장 사명 1분' (처음에는 타이머를 20초로 맞추고, 점차 1분으로 늘려가세요)	☐
과제는 한 번에 하나만 보이도록 돕니다.	☐
책상 위에는 현재 할 과제와 필기구만 두고, 집중 시간은 조금씩 늘려갑니다.	☐
'20분 집중 + 3분 휴식'을 세 번 반복하고, 다음 주부터는 '25분 집중 + 5분 휴식'으로 늘립니다.	☐
피드백은 바로 주세요. 맞았는지, 틀렸는지, 다음에 무엇을 하면 되는지 즉시 알게 해줍니다.	☐
움직일 수 있도록 허용하세요. 서서 공부하기, 간단한 스트레칭, 걷기 활동을 수업 안에 포함시킵니다.	☐
수업 전에는 가벼운 운동으로 몸을 예열하세요. 유산소 운동 10분만 해도 주의력과 정서가 안정됩니다.	☐
감각에 과부하가 오지 않도록 조정합니다. 소음은 차단하고, 조명은 간접 조명으로, 화면 알림은 꺼두세요.	☐
하루에 세 번 '정리 시간'을 갖습니다. 오전, 오후, 하교 전 2분씩 배운 내용을 한 줄로 쓰고 도와준 사람 한 명을 적습니다.	☐
필요하다면 의료 전문가와 협력하세요. 약물이 있다면 효과가 가장 큰 시간대에 중요한 과제를 배치합니다.	☐
보상은 점수보다 의미를 연결하는 것이 좋습니다. '네가 한 일이 누구에게 도움이 되었는지' 알려주는 것이 가장 큰 보상입니다.	☐

90일 계단식 몰입 프로그램 예시

- 1~2주차: 20분 집중 → 3분 휴식(3회 반복)

    ▶ 하루 핵심 과제 한 가지 완수

- 3~4주차: 25분 집중 → 5분 휴식(3회 반복)

    ▶ 실습 30분 추가

- 5~8주차: 30분 집중 → 5분 휴식(3회 반복)

    ▶ 팀 프로젝트 45분 진행

- 9~12주차: 45분 집중 → 7분 휴식(2회 반복)

    ▶ 60분 심화 세션 1회, 발표 10분

이 흐름 속에서 정점 직전의 에너지를 끊지 않고 충분히 밀어주면, ADHD 학생도 '하루 종일 공부하고 싶어지는' 몰입의 즐거움을 경험할 수 있습니다. 중요한 것은 한 번의 기세가 아니라 꾸준히 이어지는 리듬입니다.

부모와 교사께 드리는 마지막 당부

ADHD 특성은 결함이 아니라 다른 방식으로 드러나는 강점 분포입니다. 흥미가 붙으면 누구보다 깊게 파고드는 과감함, 새로운 연결을 만들어내는 발상력, 현장에서 빛을 발하는 실행력은 미래 사회가 요구하는 역량과 정확히 맞닿아 있습니다.

우리가 해야 할 일은 아이를 억지로 '표준 시간표'에 끼워 맞추는 것이 아닙니다. 아이의 리듬을 발견하고, 정점까지 안전하게 동행하는 것입니다. 7단계 교육법의 궤도 위에 맞춤 전략을 더하면, 몰입이 어려웠던 아이도 충분히 성장의 길에 올라설 수 있습니다. 그리고 그날, 아이는 스스로 이렇게 말할 것입니다.

"오늘은 여기서 멈추기 아까우니, 조금만 더 하겠습니다."

의학적 진단이나 치료가 필요한 경우에는 반드시 전문의와 상의하시기 바랍니다. 다만 교육 현장에서는 위의 방법만으로도 배움의 파도가 높아지는 변화를 경험할 수 있습니다.

'1단계: 영재 단계' 진단표

나이
____

이름
____

※ 다음 문항에 대한 답변은 아이가 스스로 체크해도 되고, 부모가 관찰이나 간단한 면담으로 확인해도 됩니다. 부모용은 같은 의미를 관찰 질문으로 바꾼 버전입니다. 둘 중 하나만 사용해도 무방합니다.

아이용(자기 진단)

1. 나는 9가지 지능 중에서 내가 강한 상위 2~3개의 지능을 즉시 말할 수 있다.	예 ☐	아니오 ☐
2. 최근 3개월 안에 내가 잘한 사례(작품, 발표, 문제 해결 등) 2개 이상을 말할 수 있다.	예 ☐	아니오 ☐
3. 나는 내가 잘 못하는 영역 1~2가지를 알고 있고, 왜 어려운지 또는 어떻게 보완할 수 있는지 설명할 수 있다.	예 ☐	아니오 ☐
4. 나는 나의 꿈이나 존재 이유를 담은 한 줄 비전 문장이 있고, 외워서 말할 수 있다.	예 ☐	아니오 ☐
5. 나는 일주일에 한 번 이상 기도, 명상, 일기 쓰기 같은 성찰 시간을 가진다.	예 ☐	아니오 ☐
6. 최근 1개월 안에 성경이나 고전을 읽고, 메모나 질문을 남긴 적이 있다.	예 ☐	아니오 ☐
7. 나는 내가 좋아하는 학습 방법(보기, 듣기, 발표, 신체 활동, 협동 등)을 알고 학습 계획에 반영한다.	예 ☐	아니오 ☐
8. (부정 문항) 나는 칭찬, 점수, 스펙 같은 외적 보상 때문에 지금 분야를 선택하거나 계속하고 있다.	예 ☐	아니오 ☐
9. 나는 롤 모델 2명 이상을 말할 수 있고, 닮고 싶은 이유를 각각 설명할 수 있다.	예 ☐	아니오 ☐
10. 나는 앞으로 90일 동안의 탐색 계획(무엇을, 왜, 어떻게, 언제 등)을 A4용지 1페이지 정도로 작성했거나 초안이 있다.	예 ☐	아니오 ☐

부모용(관찰, 면담으로 진단)

1. 자녀가 자기 강점 지능 2~3개를 근거와 함께 뚜렷하게 말한 적이 있다.	예 ☐	아니오 ☐
2. 최근 3개월 안에 자녀가 잘한 사례(작품, 행동 등)를 2개 이상 직접 본 적이 있다.	예 ☐	아니오 ☐
3. 자녀가 잘 못하는 영역을 스스로 인정하고, 다른 방법으로 바꾸려는 모습을 보였다.	예 ☐	아니오 ☐
4. 자녀의 한 줄 비전(꿈이나 목표 문장)을 직접 들었거나 눈에 띄는 곳에서 본 적이 있다.	예 ☐	아니오 ☐
5. 자녀가 일주일에 한 번 이상 기도, 명상, 기록 같은 성찰의 시간을 가진다.	예 ☐	아니오 ☐
6. 최근 1개월 안에 자녀가 성경이나 고전을 읽고, 메모나 질문을 남긴 적이 있다.	예 ☐	아니오 ☐
7. 자녀가 자기 학습 스타일을 말하고, 환경이나 도구를 거기에 맞게 준비했다.	예 ☐	아니오 ☐
8. (부정 문항) 자녀가 '엄마가 원해서', '스펙 때문에' 같은 외적 이유로 분야를 고집한다고 말했다.	예 ☐	아니오 ☐
9. 자녀가 롤 모델 2명 이상을 말하고, 닮고 싶은 이유도 구체적으로 말했다.	예 ☐	아니오 ☐
10. 자녀가 앞으로 90일 계획을 문서로 작성했고, 일정까지 잡아 두었다.	예 ☐	아니오 ☐

채점 규칙 & 총점

기본 문항: '예'=1점, '아니오'=0점
부정 문항: '예'=0점, '아니오'=1점

아이용:　　　　점 / 10점　　　**부모용:**　　　　점 / 10점

총점 해석

총점 7~10점: 1단계 적합 → 2단계(탐색 단계)로 진입 권장
총점 5~6점: 부분 적합 → 보완 후 2단계 진입
총점 0~4점: 재진단 필요(1단계 체류)

결과 해석 & 보완 가이드

문항	미충족 시 해석	보완 방법
1, 2, 7번	아이의 강점이 뚜렷하지 않음	• 간단한 다중지능 검사하기 • 3주 동안 '강점 일지' 쓰기(매일 5줄)
4, 5번	자기 정체성·비전 습관이 없음	• 15단어 이내 한 줄 비전 만들기 • 주 1회, 20분 성찰 시간 갖기
6번	책을 통한 깊은 생각이 부족함	• 성경이나 고전 1권 읽기 • 읽고 난 뒤 질문 10개 만들기
8번	점수·스펙 등 외적 이유에 끌림	• 부모 언어, 보상 방식을 점검하기 (점수 대신 '재미와 의미' 중심 피드백 주기)
10번	실행 계획이 약함	• 90일 계획표 작성하기 (무엇을, 왜, 어떻게, 언제, 평가 기준 작성)

한 줄 비전 :

90일 계획 :

* 지면 관계상 모든 단계의 진단표를 첨부하지 못한 점 양해 부탁 드립니다. 실전 적용을 위해 2~7단계 진단표가 필요하신 분께서는 아래 QR 코드 링크에 정보를 남겨주시면 매달 말일에 취합하여 진 단표를 보내드리겠습니다.

참고 문헌

1. 미하이 칙센트미하이, 《몰입, FLOW》, 최인수 옮김, 한울림, 2005
2. 하워드 가드너, 《다중지능》, 문용린·유경재 옮김, 웅진지식하우스, 2007
3. 캐럴 드웩, 《마인드셋》, 김준수 옮김, 스몰빅라이프, 2017
4. 안데르스 에릭슨, 로버트 풀, 《1만 시간의 재발견》, 강혜정 옮김, 비즈니스북스, 2016
5. 존 듀이, 《존 듀이의 경험과 교육》, 엄태동 옮김, 박영스토리, 2019
6. 매리언 울프, 《다시, 책으로》, 전병근 옮김, 어크로스, 2019
7. 알베르트 반두라, 《변화하는 사회 속에서의 자기효능감》, 윤운성 외 옮김, 2004
8. 파시 살베리, 《핀란드의 끝없는 도전》, 이은진 옮김, 푸른숲, 2016
9. 앤절라 더크워스, 《그릿》, 김미정 옮김, 비즈니스북스, 2022
10. 존 메디나, 《브레인 룰스》, 서영조 옮김, 정재승 감수, 프런티어, 2017
11. Hermann Ebbinghaus, 《Memory: A Contribution to Experimental Psychology》, Windham Press, 2014
12. Richard M. Ryan, Edward L. Deci, 《Self-Determination Theory》, The Guilford Press, 2017
13. L. S. Vygotsky, 《Mind in Society》, Harvard University Press, 2012
14. Howard Gardner, 《Frames of Mind: The Theory of Multiple Intelligences》, Basic Books, 2011
15. Jerome S. BRUNER 《Actual Minds, Possible Worlds》, Harvard University Press, 1987
16. John Hattie, 《Visible Learning: A Synthesis of Over 800 Meta-Analyses Relating to Achievement》, Routledge, 2008
17. Robert J. Marzano, Jana S. Marzano, 《Classroom Management That Works: Research-Based Strategies for Every Teacher》, ASCD, 2003
18. Catherine E. Snow, et al., 《Unfulfilled Expectations: Home and School Influences on Literacy》, Iuniverse Inc, 2000
19. John M. Gottman, 《Raising an Emotionally Intelligent Child》, Simon & Schuster, 2011
20. John Dunlosky, Katherine A. Rawson, Elizabeth J. Marsh, Mitchell J. Nathan, Daniel T. Willingham, 〈Improving Students' Learning with Effective Learning Techniques〉, Psychological

Science in the Public Interest, 2013

21. John Sweller, 〈Cognitive Load During Problem Solving〉, Cognitive Science, 1988

22. Gregory S. Berns, Sara E. Bergman, Elizabeth M. Smallwood, 〈Short- and Long-Term Effects of a Novel on Connectivity in the Brain〉, Brain Connectivity, 2013

23. Matthias J. Gruber, Bernard D. Gelman, Charan Ranganath, 〈States of Curiosity Modulate Hippocampus-dependent Learning via the Dopaminergic Circuit〉, Neuron, 2014

24. Robert J. Sampson, Stephen W. Raudenbush, Felton Earls, 〈Neighborhoods and Violent Crime: A Multilevel Study of Collective Efficacy〉, Science, 2014

25. Raj Chetty, Nathaniel Hendren, 〈The Impacts of Neighborhoods on Intergenerational Mobility I: Childhood Exposure Effects〉, Quarterly Journal of Economics, 2018

26. Elie Holzer, Orit Kent, 《A Philosophy of Havruta: Understanding and Teaching the Art of Text Study in Pairs》, Academic Studies Press, 2013

27. Jeffrey J. Froh, William J. Sefick b, Robert A. Emmons, 〈Counting blessings in early adolescents: An experimental study of gratitude and subjective well-being〉, Journal of School Psychology, 2008

28. Ut Na Sio, Thomas C Ormerod, 〈Does incubation enhance problem solving? A meta-analytic review〉, Psychological Bulletin, 2009

29. Sheena S. Iyengar, Mark R. Lepper, 〈When choice is demotivating: Can one desire too much of a good thing?〉, Journal of Personality and Social Psychology, 2000